專題探究教學力

跨科共備 × 提問思考 × 批判閱讀
啟動高層次思考

黃春木 著

目錄

1　專題探究第一步，改變看待學生的眼光

2 破除教學慣性，落實專題探究

3 教出未來人才——教師對課程、評量的新認知

4 高層次思考的課程設計

解鎖素養教學的挑戰

李吉仁 誠致教育基金會副董事長、臺灣大學國際企業學系名譽教授

以素養教學為核心的 108 課綱，標誌著臺灣的基礎教育邁向一個新的里程碑。迴異於以學科知識為主軸、以考試為評量工具的舊課綱，新課綱以素養能力為核心，強調以真實生活情境的問題探索，透過專案實作的學習歷程，搭配多元評量的方法，讓學生適性地發展能面對未來、創造福祉生活的能力；而這也正是全球教育轉型的大方向。

然而，對於所有教育現場的工作者而言，新課綱的啟動，既是教學能力的新挑戰、也是改變慣性的難題；因為新舊課綱所代表的教學方法，並非線性的延伸（linear extension），而是教學的典範移轉（paradigm shift）。

相對於學科知識本位的教學，素養教學在內容上要求涵蓋知識、能力、態度與價值觀的學習與統整，學習過程則期望以問題導向的真實情境任務，導引學生以探索與實作的方法，培養（解決問題所需的）多元能力。最後，再透過多元的評量方法，確認領域知識概念、應用能力與高層次思考的成熟度。要達成上述期望的素養教學效果，有賴跨學科

在「課程設計」、「教學素養」與「多元評量」三者的重新規劃與設計；易言之，絕大多數習慣學科教學與考試評量的教師，似乎都得「打掉重練」才行。也因為如此，新課綱上路已歷三年。《聯合報》的年度調查仍顯示，超過六到七成的國高中老師，認為仍無法有效轉軌到素養教學。

教育模式的轉型，需要所有利害關係人共同努力

對應到當前的素養教學發展困境，本書的內容提供了有效「解鎖」的途徑。作者黃春木老師以其豐富、且受到師鐸獎肯定的傑出教學經驗，加上參與課綱的制定與政策研究的經歷，針對如何以概念為本進行（跨領域）課程設計，藉由問題導向的專案學習設計，導引學生進行探究與實作，從而建立高層次的思考，提供了鷹架知識與豐富的教學實踐內容，深具實用與啟發性。更重要的是，本書對於推動素養教學常見的盲點與障礙，也都從學理與實務角度，提供脈絡梳理與多元包容的見解，值得推薦給還困惑於新舊教學模式衝突的現場教師們參考。

教育模式的轉型，絕非只有教師的責任，而是需要所有教育利害關係人的共同努力。學校領導人更需要扮演變革領導的角色，能夠在校內建立「上下共學」與「跨域協作」的文化氛圍，更是攸關素養教學的成敗。誠如黃老師自序中所言，希望本書的出版能夠讓已經啟動的改變，從個人與熱血教師群體，擴大到學校體系與考招制度，才能讓優質教育成為臺灣的國家競爭力！

給孩子探究式任務，
經歷高階思維的蛻變

黃國珍 品學堂創辦人、《閱讀理解》學習誌總編輯

近十年參與推動閱讀素養教育的過程中，經常在工作坊裡提醒教師們，孩子在閱讀理解表現上若不盡人意，不該單純解讀為孩子沒有理解能力。我認為，真實的情況是孩子不善於思考，尤其是高層次的思考。因為理解是思考的結果。

若要解釋背後的原因，不能迴避因為系統造成個體認知上固著的問題。如果教學者對學生學習表現的思維慣性，不能從擁有答案轉為擁有自主探究問題的能力，那提升學生思維的機會，依舊將封存在集體禁錮的思維中。

從前面的敘述看來，我們對教育改革的期待，成是思維，敗也是思維！這裡所指的思維，是能體現探究與辯證，從看見問題，到思索解決方法，並在過程中實踐學習的高階思維（Higher Order Thinking）。它早已是企業高端人才的必要條件，也是 21 世紀教育重視的關鍵能力。

高階思維在學習中一直是學習表現的重要指標。它區分了例如填鴨死記所獲得答案的低階學習成果，和以批判性思維為基礎所開展，包括

統整、分析、推論、理解、應用和評估的高階認知。根據美國教育心理學家班傑明·布魯姆（Benjamin Samuel Bloom）在他 1956 年所出版的著作《教育目標分類學》中所言，位於思維高端的技能分別是分析、綜合和評估。在 2001 年增修版中的認知歷程維度上，分析、評估與創造能力代表個人思維的高端表現。培養孩子具備高層次的思維方式，在當今教育的發展趨勢中，更加受到重視。

既然高階思維如此重要，對個人影響深遠，為什麼不見教育界廣泛地落實在課程設計上呢？我想是因為高階思維不容易教導。

思維存在的狀態很有趣，它無時不刻都以基模的型態與我們同在，卻無法將它取出來，唯有透過觀察行為或語言傳達的概念，才能將它可視化。所以，要培養孩子高階思維，不是給他一本知識重點的整理請他默記下來，而是要給他一個可以探究的任務，讓孩子在其中以全副的心智去發現問題、解決問題，用困惑取代說明，用提問認知真相，讓修正成為學習，最後以能力取代答案。完成任務的同時，心智也經歷一場高階的思維蛻變。

高階思維本身就是一個極具系統性與概念化的思考行為，如何教導更是挑戰。若純以文字來表述，固然可以達到說明的目的，但未必容易理解與操作。所幸黃春木老師精心整理教學與課程設計的多年經驗，編寫《專題探究教學力》這本大作。將其心法要領，化為全書每個篇章的標題。在全書大量課程操作的實境分享外，還為每個重要的觀念與流程搭配具體圖示，等同於讓思想看得見，讓抽象的概念易於掌握。對於期待能為問題為導向、概念為導向、探究實作與高階思維養成找到指引的老師，《專題探究教學力》這本書，一定會是您最好的教戰手冊。

釋放更多空間與時間給學生，
讓專題探究是創造，不是消耗

曾荃鈺 英國博贊亞洲心智圖法授證輔導師、專欄作家

　　健康的植物總需要肥沃的土壤滋養才能長大，同理，學生也要在一個情緒氛圍、社交良好的環境下，才能健康的學習，茁壯成長。

　　黃春木老師，有著略顯花白的頭髮跟溫暖的笑容，人如其名，上課時總能讓教室內如春風化雨、草木齊生，「穿越」分單元、分科目跟冊別領域的限制，時不時「超展開」課程內容，讓教室內的學生抬起頭，從討論中創造自己的知識，從提問反思中鞏固學習並整合知識。

　　我自己分三次才讀完黃春木老師的大作。這本《專題探究教學力》稱其大作，一點也不為過。一來是本書有方法，亦有理論依據，知識量龐大；二來有國際課程又有在地教學案例對照，將近 20 年美、歐、日、澳課程理論方法歸納其大成，是花時間沉澱整理的心血結晶；三來則是帶著自身疑惑閱讀，黃春木老師都一一為我解盲，像是：

* 「指導專題探究與實作，就是在指導小論文嗎？」（表 16.2、表 17.1 有解答）

- 「學生要能夠完成專題探究，前提跟基礎需先具備什麼？」（圖 9.1、9.2 有解答）
- 「如何規劃學習任務給學生，才是有效的檢核學生的學習跟反思呢？」（圖 8.3、表 10.5 有解答）

其實專題探究真是門軟能力、硬功夫，既具備跨域統整的大概念與高層次思考，卻又是需要反覆打磨、花時間歸納才能推導出來的學習流程。對於教育現場的第一線教師來說，本書不啻為可檢索、可對照的實用工具書，有根有基地打造專題探究，肯定是一大福音。

閱讀前，老師們不妨問問自己：「我能否教得越少，讓學生學得越多？」當老師為了專題探究，找來自己碩士論文研究法，希望學生學會時，到底是在幫助學生培養創造知識的能力，抑或僅僅是提供資訊要學生吸收呢？老師是否為學生多做那些，本來應該由他自己完成或查閱文獻、同儕討論即可完成的事情呢？在整學期的學習流程設計中，老師是否努力培養學習者的正向感受，幫助他們克服可能存在的恐懼，激發對專題探究的好奇與愉悅感呢？

其實，專題探究的學習應該是創造，而不是消耗，只有學員主動創造時，才能獲得學習的果實。被動地從老師提供的資訊與經歷擷取隻字片語，並不等於專題探究。只有以小概念為本，留時間讓學生主動創造自己的知識，才能落實跨域的學習。

我敬佩黃春木老師「教得少，學得多」的實踐精神。少，不是單調，而是簡潔；多，不是繁複，反是豐富。因為少，所以要有明確的目標；因為少，就必須去除不必要的多餘；因為少，就得專注把有限精力

集中一處；因為少，更要懂得節制。正如老子說：「少則得，多則惑。」建築大師密斯凡德羅（Ludwig Mies Van der Rohe）說過的「Less is More（少即是多）」，與黃春木老師專題探究與實作課程設計的核心概念不謀而合。真心推薦這本《專題探究教學力》經典書籍，讓每位學生皆能習得專題探究這門軟能力、硬功夫。

在課程天地中的壯遊

　　教學之外，我正式投入「課程設計」，始於上一個世紀末參與課程綱要的修訂，以及在一綱多本架構下撰寫教科書。對一位中學教師而言，這是非常珍貴的經驗。

　　進入 21 世紀，在課程天地中「壯遊」的經驗更為豐富，比較重要的行履包括：規劃與推動臺北市立建國高中人文及社會科學資優班，申請及執行國科會第一、二期「高瞻計畫」（設計「科技與社會」課程），規劃及執行建國高中因應十二年國教發展的「領先計畫」（臺北市政府教育局競爭型計畫），擔任教育部課審會審議委員，規劃社團法人臺灣原聲教育協會「非學校型態實驗教育計畫」，規劃與實施建國高中校訂必修課程，規劃與編寫臺北市政府教育局推動國際教育的 SDGs 教材，以及參與研擬教育部《中小學國際教育白皮書 2.0》和相關的課程、評量設計等。

　　此外，我曾在臺灣大學兼課多年，培育中學歷史科、社會領域師資；近年來更擔任臺北市政府教育局中小學特聘教師，陸續參與一些學校的課程設計，提供長期入校協作的服務。

　　正因為在這些課程設計與實施的心血投入，我先後獲得身為教師個

人最高榮譽的「教育部師鐸獎」，以及團隊最高榮譽「教育部教學卓越獎金質獎」的肯定。所有工作著有績效，都是以團隊型態進行。來自夥伴的交流分享與協力合作，才是實踐及創新的最佳動力，沒有人能夠獨力完成。

綜整各方理論，結合多年現場經驗

臺灣從民國 100 年開始推動十二年國教，大約自 105 學年度起，進入緊鑼密鼓階段。為了準備這一次的教育變革，學界或教育行政主管機關積極引進許多「舶來」理論，例如「學習共同體」（learning community）、「翻轉教室」（flipped classroom）、「重理解的課程設計」（understanding by design）、「概念為本的課程與教學」（concept based curriculum and instruction）、「雙語教學──課立優」（content and language integrated learning, CLIL）、「深度學習」(new pedagogies for deep learning, NPDL)，再加上原已行之多年的「教師專業學習社群」、「學校本位課程發展」、「多元評量」，以及兩種 PBL，包括「問題導向學習」（problem based learning）、「現象／主題導向學習」（phenomenon based learning）的教學法，洋洋灑灑。一時之間，臺灣的教學現場高度國際化，可說是集美國、歐盟、日本、澳洲、加拿大等國課程教學理論之大成。

這些理論各有千秋，但細細分析歸納，可以發現有幾個「核心」能力是共同重視的，有幾個教學「原理」是始終強調的。路徑或策略雖有差別，但促進學生學習的根本，並無二致。

考量教師們參與學校外部研習或工作坊，有諸多不便，而閱讀翻譯

的著作，需要較大心力的轉化。因此，我嘗試整理這些年來的教學、閱讀和思考的心得，以及實地在任職學校組織社群、發展課程，或進入友校協作的「課程設計」經驗，化為文字，希望透過書寫及分享，表達教師同儕互助、同舟共濟的心意。

對於正在教學現場費心於新課綱素養教學的教師們，我誠心希望此書的出版，能具有參照、指引的效果，乃至發揮「鷹架」的功能。

開啟寬廣的對話與合作

本書得以完成，要感謝建國高中「想方設法」團隊，包括曾慶玲、簡邦宗、童禕珊三位老師，以及多年來跨越十幾個學科夥伴的互助合作，一起發展、齊備校訂必修課程。同時也要感謝臺北市立民生國中葉芳吟老師帶領的「Hermes」社群，這是教育部國教署「推動學校教師實踐自主活化教學」計畫中一個已運作多年的教師社群。在跨縣市、跨學科領域夥伴們的共學共備過程中，我深受啟發。葉老師和服務於新竹市立建功高中的張清秀老師，在百忙中還撥冗為本書進行校讀，提供許多關鍵性的建議，在此也要致上謝忱。

此外，也要感謝在這幾年間提供我機會，得以深入參與課程設計過程的友校教師社群，我實地感受了教學現場諸多的困惑、挫折、活力與決心，以及一起合作突破難關的喜悅。

但我知道，僅能抱持著審慎樂觀的態度，因為目前在教學現場的變革力量，來自於個人的影響仍然遠遠大於社群或制度。這個「個人」，可能是教師、兼職行政的同仁，或者校長，一旦關鍵的個人離開，變革的

動力就有可能快速式微。

　　寫作發表，因此就是一段紀錄，留存豐富的心靈、開創的勇氣，以及精采的實踐智慧。期待能跨越時間、空間，開啟後續寬廣的對話與合作。為此，我要感謝《親子天下》的陳珮雯小姐，督促我完成本書，以及編輯王慧雲小姐費心的指教與專業的工作，創造一個可以在教育界進行思想交流的機會。我也必須特別向《天下》致敬，為臺灣教育的美好，長年奉獻心力。本書是我在《天下》出版的第二本著作，我很榮幸有此機會，參與這個讓教育更美好的行列。

成為教師的後援

　　身為教師，我們都知道課程、教學、評量三者的設計必須扣合，但長久以來，由於部定必修和升學考試的框架，在教學現場的景象是教師最關注「教學」，而且頗為強調與升學考試的搭配。雖然教師也關注「評量」，但因為「評量」深深地受限於升學考試，加上命題並不容易，而日常教學工作又十分瑣細、繁重，部分教師於是逐漸依賴教科書商提供的題庫；所謂評量，遂變成從題庫中挑題，或許修改其中一些題目、補充幾道自己設計的題目，就能完成組卷的工作。

　　儘管如此，許多教師仍想方設法從部定必修和升學考試的夾縫中，透過教學歷程砥礪學生的知識，鍛鍊其能力、涵養其情操。這是彌足珍貴之處。

　　108 新課綱的推行，鬆動了部定必修主導的框架，也調整了升學考試與招生的設計，這就為教學現場長久存在的「課程、教學、評量」互動凝滯不前的問題，帶來了突破的契機。

　　然而，教學現場的教師們「突然」獲得課程設計的權力，以及責任，心情是恐慌大於興奮！而且，這意味著工作量的加重，必須「額外」挪出大量心力進行課程設計，並同步改變過往的教學和評量習慣。

確切地說，這是「翻天覆地」的變動，涉及視野與觀念、制度與法規、學科教學知識（pedagogical content knowledge），乃至軟硬體配套的改革。教育行政主管機關雖然事先有所評估與準備，但實際提供的支持系統仍未能充分和貼切。

當然，設身處地思考，教師們也不能將改革的所有工作全推給上級，畢竟課程設計的部分權力已經釋放出來。在這過渡時期，我們該思考的是如何改進與強化處於行政單位和教師之間的「中層結構」，尤其是針對「課程設計」，發揮中層領導與支持的作用。

整合課程、評量設計，轉化教學歷程

相關資源其實是有的，來自學校外部，例如各縣市學科輔導團、國教署設置的高中學科資源平台和各學科中心，以及諸如臺北市政府教育局已試行數年的「特聘教師」、「研究教師」，或國教署推動的「專案教師」等。而在學校內部的，則有教學輔導教師、課程諮詢教師、教師專業學習社群、教學研究會、課程發展委員會等。這些機制或職務只要維持運作良善，就能為課程、教學、評量品質的改善，提供充分與貼切的協助。

此外，許多關心教育的民間基金會或協會，透過實質行動，也扮演重要的角色，而來自於公、私機構或個人的研究發表、書籍出版，則讓觀念與方法的傳播更為深廣。

本書撰寫的起心動念，以及著述立說的方向和重點，就在新課綱所開展的新局面，以及官方和民間資源、資訊的交互作用中完成。參照圖

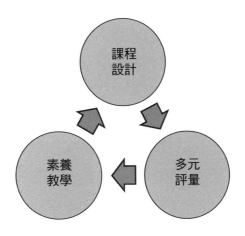

圖 0.1　活絡課程、教學、評量的交互作用

0.1，本書關心的焦點在於：以「**課程設計**」**來連動與活絡**「**多元評量**」、「**素養教學**」**，使三者成為整體**，並就此一課題，分享我和許多社群夥伴的專業工作經驗與心得。在這樣的「新」視野中，教師的思考及工作模式將轉變為「整合課程設計與評量設計，進而有效轉化教學歷程」。

　　這樣的轉變，當然是不容易的，應該循序漸進。在實務上，此一轉變初期不會是全面的，通常先試行於「校訂必修」及「多元選修」，或許也該涵蓋「彈性學習」，引領學生提升學習的主動性。

　　校訂必修、多元選修、彈性學習所關注的學生學習活動，當以實現「素養學習」為目標。因此，「自主學習」、「學習如何學習」備受強調。主要的學習活動設定為「探究與實作」，藉由閱讀理解、批判思考、創意思考、論證寫作、溝通表達、團隊工作等具體方法，在開放、真實情境中，鍛鍊「高層次思考」，發展「自主學習」、「學習如何學習」的本事。

　　面對這樣的轉變，部分教師不以為然，認為：「以往這都屬於資優生

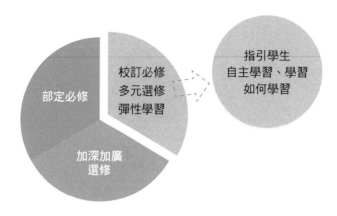

圖 0.2　在實務上，課程設計優先著力之處

的課程，現在竟然要一體適用於所有學生！」這樣的認知，當然是有所誤解。在一個民主社會中，每位公民應該都得具有自主思考及判斷的能力，以便處理個人或公共的事務，這跟是不是資優生無關。

　　當然，我們確實不能將以往資優班課程「直接複製、貼上」給所有學生，而是以新的模式及方法，量身打造，提供所有學生合理可行的「高層次思考」、「探究與實作」學習經驗，這就非常需要妥適的課程設計，才能實現。

　　本書正是以這樣的定位，嘗試提供適切的後援（backup），供教師們參考運用。同時，特別著重「以概念為本」的探討，希望協助教師們、學生們脫離紛雜的「知識點」、「事實性知識」之糾結，儘量不要再疲於奔命；無論就長遠學習效果或當代知識暴增景況而言，關注「以概念為本」，藉以促成知識的遷移和轉化應用，才是解方。

　　在「以概念為本」的基礎上，也才可能設計出「探究與實作」學習活動的課程，促進「高層次思考」，並且發展「跨領域」教與學的經驗。

如何使用本書

本書探討的主題是「課程設計」，尤其聚焦於：「如何以課程設計啟動高層次思考」，其間運作的關鍵力量是「以概念為本」，而學習重點則關注在「探究與實作」。

在這樣的視野中，所涉及的知識內容或方法甚多，因此，閱讀本書的路徑可以有好幾種，建議如下：

1. 如果想要快速了解「以概念為本」、「探究與實作」、「高層次思考」相關課程設計實務的問題，以及如何改善的想法，可直接閱讀第十七章，提供許多關於課程「塑身」的具體建議。

2. 如果想要完整了解「以概念為本」、「探究與實作」、「高層次思考」的課程設計實務，建議閱讀第四單元。

3. 如果想針對「高層次思考」、「探究與實作」有一梗概、扼要的了解，建議閱讀第二章、第三章、第八章、第九章、第十章、第十六章。至於詳細的探討與解說，請另行參閱《中學專題研究實作指南》、《我做專題研究，學會獨立思考！》（增訂版）、《高層次閱讀與思考》等書。

4. 如果想要先就「以概念為本」的課程設計，掌握基本的觀念與方法，建議閱讀第二單元，以及第十一章、第十二章、第十三章、第十四章。

5. 如果想要先理解「大的社會或時代圖像」與「教育」之間的關聯，建議閱讀第一單元。這正是促成本書撰寫的起心動念與核心關懷。

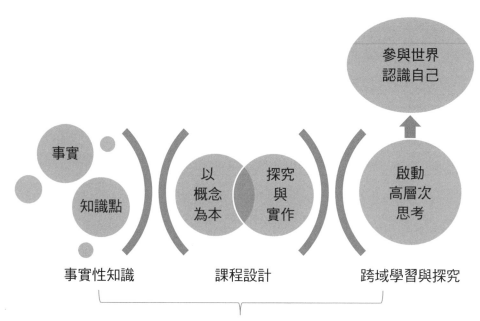

事實性知識　　　　　　課程設計　　　　　　跨域學習與探究

108課綱「素養導向」教與學

圖 0.3　本書的關注：啟動高層次思考的課程設計

1

第一單元

專題探究第一步，
改變看待學生的眼光

第一章

參與世界，
才能認識自己

- ✓ 認識自己，不能坐而言，應起而行。在參與世界的過程，才能認識自己、修練自己。

- ✓ 校長和教師應擅長學習與思考，並且成為擅長指導學生學習與思考的專家。

- ✓ 學校應成為「學習平台」或「學習通路」，為學生創造出連結全球及多元文化的機會。

在文化傳統裡，經常聽到「修身、齊家、治國、平天下」這樣的實踐目標與方向；中小學社會科課本中，也常依照「認識自己、家庭、社區及鄉土、國家、全球」的脈絡，由自己出發，循序擴大至全球的認知模式，加以編排。

先「成己」，才能「成人」，似乎是一條顛撲不破的規律。然而，我們又常聽過來人說，「認識自己」是一輩子的功課，這麼一來，何時去實踐「成人」呢？兩種見解之間好像出現了矛盾，哪一種比較有道理呢？

自我，是在參與世界的過程中開展

首先我們得知道，「世界」的大小，其實因人、因時而異。但無論「世界」廣闊到全球，或切近到社區、鄉里，想要探索世界，有所參與和貢獻，哪需要在完成「修身」之後才能開始！「認識自己」或「修身」，自然是一輩子的事情。在生涯發展中、在日常生活裡，隨時都有新的功課、新的考驗及體會，唯有在「世界」中多方探索與開展，才能實實在在地修身、認識自己。

我們不妨再來溫習師資培育階段曾經學習過的愛利克・艾瑞克森（Erik Homburger Erikson）「社會心理發展階段」，或是勞倫斯・郭爾堡（Lawrence Kohlberg）「道德發展階段」、內爾・諾丁斯（Nel Noddings）「關懷倫理學」，都清楚說明了「自我」的修練與發展，是在真實世界中持續進行的，並且是在群體中不斷交互形塑的。

「自我」，不可能且不應該是封閉、孤立的，也不曾有一套顛撲不破的「完美」存在，供自我去符應、掌握。特別是在 21 世紀的此刻，社會

圖 1.1　在參與「世界」中累積「認識自己」的能量

變遷、科技進展的速度快、規模大，我們已經不太可能先知先覺，越來越難清楚明白「完美」究竟是什麼。只能在這樣的變遷，乃至「不確定」中，歷事練心，逐步琢磨及省思，培養基本能力，探索屬於自己的最大可能性，進而累積「認識自己」的能量，了解自己的優勢或強項、限制或不足。

　　這一個歷程顯示了「自我」其實是開展的，「格局」並非預設，「成功」沒有單一標準和模式，甚至「路徑」也不是直線、單行道式的。

　　這裡講的「我們」，涵蓋學生，也就是所謂的青春世代。他們在人生路上，啟程不遠，即使已經是高中生、大學生了，不少人仍待在起跑線後方暖身而已，「自我」的開展相當有限。

目前的學校是非常限縮的世界

學生「自我」開展之所以有限，原因很多。此處要特別提醒的是，長久以來我們所謂的「學校」，也是將大多數學生困住的地方。

2004 年，當時我已經在指導學生進行專題研究。小高一，剛剛通過人生中的第一個大考，進入高中就讀，對世界充滿好奇。他們在我的鼓勵之下，熱切地閱讀，關懷在地或國際社會議題，進而依據自己的疑惑開始查找資料。然而，高中圖書館的藏書有限，很快地就無法滿足他們的胃口，於是有幾個膽子大的人，居然裝成熟，設法混進某國立大學圖書館蒐集文獻。或許是得意忘形吧，也或許是青澀生疏的身影敗露了行蹤，遭人辨識了出來。

那人自稱是某系所教授，在圖書館任職，客氣地請這幾位小高一離開，肯定他們的好學，也勉勵他們用功讀書，將來考進大學之後再來做研究。

於是，幾個年輕學子悻悻然離開，他們第一次拜訪「知識殿堂」、探究世界的熱情似乎被潑了一大盆冷水。我告訴同學們，那位教授錯了。我肯定他們的企圖心，更設法幫他們找圖書館資源。後來，我們申請了國家圖書館的許可，開放讓學生可以憑證入館閱覽；此外，也鼓勵他們善用臺北市、新北市圖書館資源。

這次的經歷，不禁讓我思考，「高中生只需專心讀書，不必做研究」這種想法，對嗎？再者，讀書和研究是二分的嗎？*study*，只能理解為「讀課本」嗎？所謂「研究」，又是什麼？如果心中有一個疑惑，教科書沒提供答案，於是自行查找一些資料，發現一個可以成立的解答或解決

方法，但沒有進行訪談、觀察、實驗或問卷調查，也沒有寫成數千、上萬字的「學術規格論文」，這算不算研究？

　　我帶著這樣的質疑，以及不可免的批判，凝視現今的學校情境。我發現，絕大部分的學習活動正是限制於教室中、課本裡，造成學生不擅長處理真實世界情境中的各種問題，甚至跟真實世界鮮少連結。而導致這種後果的成因，至少包括：

1. 學生進行任何的作業，幾乎都是自行完成，很少需要和同學、社會人士、田野或實地情境有任何互動。完成作業所需要的資源主要倚賴課本、習作簿、電腦和網路等，所運用的幾乎只有「多元智能」（multiple intelligences）中的語文（verbal / linguistic）或邏輯數學（logical-mathematical），這也是學校教育中最在意的「聰明」。

2. 學習環境多半只有大量的書面知識，教學情境、學習活動或作業要求偏向固定、單一型態，欠缺思考方法的引導及學習。甚至學生已習慣查找「懶人包」，或使用「複製貼上」，反正有答案就好。

3. 即使學生曾經學習過某些思考方法（不熟練），擁有足夠的背景知識（不自知），多數人仍傾向依循直覺或既有立場來辨識、取捨資訊，接著就做出了判斷。即使運用最為熟悉的語文或數理符碼加以思考，也多停留於表面訊息的處理，鮮少「高層次思考」（第三章）。

臺灣人才養成

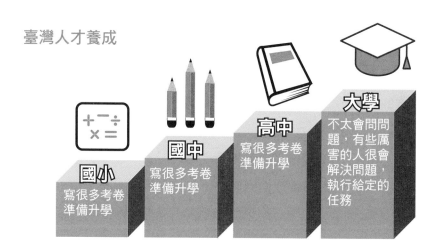

國小
寫很多考卷
準備升學

國中
寫很多考卷
準備升學

高中
寫很多考卷
準備升學

大學
不太會問問
題，有些厲
害的人很會
解決問題，
執行給定的
任務

歐美人才養成

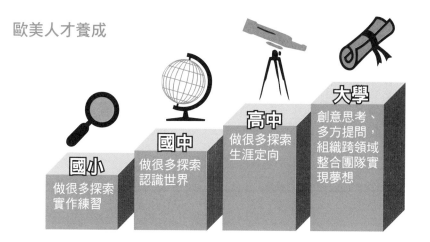

國小
做很多探索
實作練習

國中
做很多探索
認識世界

高中
做很多探索
生涯定向

大學
創意思考、
多方提問，
組織跨領域
整合團隊實
現夢想

資料來源：《我做專題研究，學會獨立思考！》，頁 20。

圖 1.2　臺灣與歐美各學習階段人才養成的目標差異

試問，這樣子的「讀書」，幾乎卡死在教室中、課本裡，學生們一個個「孤立」學習、低層次思考，能夠培養出臺灣未來需要的人才嗎？或者更現實地說，能夠通過108課綱正在推動的「素養評量」，與隨之而來新式的大學考試、甄選等要求嗎？

此外，真希望能追問當年那位圖書館裡的教授：如果招收這樣子「讀書」的優秀學生，大學真有辦法予以啟發，讓他們個個都能夠進行批判思考、創造思考，乃至做研究、解決問題嗎？

當學校展現給學生的「世界」只限縮在教室、課本，並且高度偏好語文、邏輯數學兩種智能，忽略或歧視其他多元智能，這便注定多數學生的失敗命運。因為在這種「主場」裡，對於「成功」的想像是貧乏、壓抑的。

一旦「成功者」帶著在學校的主場優勢，參與更大的世界時，不少人很快就陷入困境，而倖免者則是因為他們終於能將擁有的其他智能、高層次思考一併施展開來，在大學裡，大大地學，突飛猛進。至於在中小學一路製造出來的失敗者中，會有一些人將從學校之外那個更大的世界中，發現及施展在語文、邏輯數學智能之外的優勢，肯定了自己，找到屬於自己的成就。

讓學校成為大世界的交會點

學校不應該是限定成功或製造失敗的工廠，但目前的「品質」設定及「流程」設計，卻很難避免出現這種困境。

事實上，自小學高年級起，學生已進入「形式運思期」（Formal

Operational Stage）。這時候，學校應該開始提供豐富的機會，讓這樣的心靈獲得實作、活用的鍛鍊，以便多元地開展。學生就讀國中，最慢到了15歲左右，相當於九年級或高中一年級，他們的認知發展已足以在「多元智能」相關的各類型學科知識中，全面進行「高層次思考」。學校責無旁貸，必須具有「覺知」、「意願」、「能力」，積極營造鍛鍊「高層次思考」的學習經驗，而最根本的策略即是：將更大的世界帶進學校，或者引導學生參與更大的世界，從關懷、體驗、學習、服務中，打開視野，探索自己的各種可能和機遇。

21世紀的學校校長與教師，不能再繼續有意無意地陷溺於「心遠地自偏」的處境，使學生成為「小村落」的永久居留者。拜數位學習、戶外教育、國際教育，或是聯合國「永續發展目標」（Sustainable Development Goals, SDGs）之賜，原本的小村落也能變成大世界，學校應該轉型為「學習平台」或「學習通路」，為學生創造出連結全球及多元文化的機會。

正因如此，校長和教師必須以身作則，轉型為「學習專家」，擅長「學習如何學習」，不再只是知識的提供者，也是學生學習方法、方向的引導者與諮詢者，以及一起投身「大世界」的旅行者、探索者。

前面提到，「認識自己」是一輩子的功課，校長及教師應該要繼續創造和學習，從參與世界中進行修身、認識自己。而在這樣的行動中，自然可以順勢為學生們創造出與大世界連結、互動的機會和資源。

如此地「成己成人」，多麼珍貴，多令人動容！

圖 1.3　學校成為連結全球及多元文化的平台或通路

第二章

學習如何學習，
是學生的基本權利

✓ 讓「所有學生」熟練如何閱讀、
  思考、探究、表達，是教師專
  業的核心任務。

✓ 教師在上課時多問問題，是啟
  動學生學習與思考、促進「學習
  如何學習」的關鍵一步。

✓ 學生開始問問題，是通往「學習
  如何學習」的門徑。

近年來，許多教師致力於引導學生進行「閱讀理解」、「批判思考」、「探究實作」、「論證寫作」等基本能力的學習。在我看來，這些基本能力一方面屬於「高層次思考」的展現，另方面則是構成「學習如何學習」的基礎。至於新課綱下眾人熱衷的探究與實作，真正目的也是為了學會自主學習、獨立思考，與「學習如何學習」息息相關。

正是按照以上的旨趣，我陸續出版了幾本書，獲得些許矚目，有了到更多友校分享相關經驗和心得的機會。比較讓我覺得「有趣」的是，針對「21 世紀」或「未來工作」，不少教師都同意上述攸關「學習如何學習」的基本能力都很重要，卻又認為這應該是像「建中學生」程度的資優生才學得來。「我們的學生程度不好，光是讀懂課本就有困難了，怎可能會思考？」甚至，有些人當場直白地說，「教建中生的方法，不適用於我們學校。」

關於如何因應學生主客觀條件的差異，在進行上述基本能力學習時，做出適當的難易度調整，這是有訣竅的。本書第四單元將詳細探討。但身為教師，我們必須先具備以下三個體認：

1. 基本能力的程度不是「全有 vs. 全無」，不是只有 100% 或 0% 的兩端，其間還有很多可能。
2. 通常不是有能力才學習（思考、探究），而是學習了，才有能力。
3. 「學習如何學習」是自主學習得以實現的關鍵，也是所有學生的基本權利。

教師應該提供每一位學生機會，激發信心，引領他們從學習中逐漸

成長，在他們所能達到的最大可能中，盡力給予鼓勵和支持。無論面對的是「偏鄉學生」、「社區高中學生」，或所謂「明星高中學生」，如此的體認與教導，專業態度都是一致的，甚至於針對基本能力較不完備的學生，教師更應該想方設法，讓他們逐漸熟練「如何閱讀、如何思考、如何探究、如何表達」。

不是沒天分，只是不知道如何學習

這些年來，我觀察自己課堂中的學生，確實幾乎人人都擅長「解題」，但多數人卻不擅長「解決問題」。為了扭轉這樣的困境，好多夥伴有志一同，把握 108 課綱提供的課程設計機會，透過校訂必修、多元選修課程，或彈性時間，展開補救行動。

學習的最大價值，並不是熟練教材和解題技巧、考試得高分，而是能將所學加以遷移（transfer of learning）與活用（utilization），進而練習跨學科領域的思考及探究；學習也不應只是解答一份教師事先設計好的考題，而是能夠在真實世界、開放情境中發現及界定問題，先提問好問題，進而再設法實地解決問題。

有趣的事情是，當學生學會如何發現及界定問題後，他們的解題（考試成績）、解決問題（探究與實作成果）的表現都變得更好。

值得提出來討論的是：有許多教師認為，「趕課都來不及了，哪還有時間耗在引導學生思考、問問題？」

然而，如果學生們難以接收、了解教師急切傳遞的知識，「趕課」頂多事倍功半而已。如果教師有時間回頭一望，就會發現許多學生早已遠

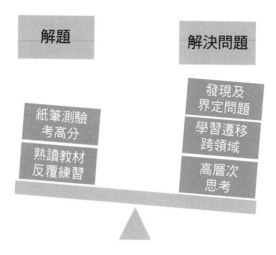

圖 2.1 「學習」的最大價值在於能夠「解決問題」，而非「解題」

遠掉隊了。至於少數跟得上的學生，多半是提早跑到前頭等著，他們擅長在事先指定的路徑上前行，充分熟練一定的套路來突破關卡。

這是一群有動機、有方法的學生，但他們的這些本事，卻未必是學校中的教師教導的，極可能是受益於家庭的經濟資本、文化資本、社會資本，讓他們比同學更擅長學習。

教導掉隊的學生「如何學習」，本來就應該是教師的任務，讓學生學會應該學會的重點，其實是他們的基本權利。不過，過去許多教師採取的策略是寫更多的考卷，或是再將課程重述一遍，秉持的信念是「勤能補拙」，而不是先診斷這些學生為何掉隊，以便「對症下藥」。

學習，其實是「態度」及「方法」的整合，而非知識內容的堆棧。學生的學習成就不佳，可能的原因很多，大致可以歸納為兩大類：

圖 2.2　教導學習成就不佳學生的兩種取向

1. 生活型態：睡眠不足、運動量不足、營養不足，或是沒有固定、安靜的讀書空間等。
2. 學習型態：專注力不足、記憶技巧不佳、閱讀理解策略不佳、時間管理方法不佳等。此外，學習困難也可能來自於「學習障礙」（learning disability）。

　　學生的「笨拙」、「拖延」或「信心不足」，是長期「學習」失敗所得來的結果，未必是導致學習不佳的初始原因。

　　在網路時代，許多有用的資訊並不難獲取，關於「學習」，不必花錢，就可以從網路上找到很好的建議，有助於診斷學生學習表現不佳的癥結。

　　如果屬於「生活型態」類的原因，在提供建議之餘，教師應該要向外尋求健康教育、社會資源的協助。

　　在「學習型態」方面，若經過鑑定，原因來自於學習障礙或其他特殊學習需求，自然要針對其特殊需求，提供心理學及教育學的服務，乃至醫學上的協助。

　　除此之外，多數學生若需要改善時間管理，推薦參考「番茄鐘工作

法」，而針對記憶及思考技巧，推薦參考「費曼技巧」、「積極回想」、「曼陀羅思考法」（又稱九宮格思考法）、「康乃爾筆記法」、「摘要法」等。這些方法都不難，一旦有了教師的鼓勵和督促，學生更容易形成動機、產生認同。

關於「學習型態」改善的參考書籍也不少，例如《讓思考變得可見》、《快思慢想》、《你的大腦很愛這麼記》、《學習地圖》、《如何閱讀一本書》等。我也在 2021 年，針對國中生及高中生的需求，出版《高層次閱讀與思考》一書。

以上資訊、方法的了解和採用，不該全推給輔導老師去做。在 21 世紀，所有教師都應成為「學習的專家」，以及「教導學習的專家」，彼此形成一個團隊，探究、分享及轉化有效的方法，活用、實作到自己的課程與教學，這正是讓教育工作事半功倍、不會徒勞無功，進而創造成就感和意義感的良方。

其實，功課好的學生也未必會「讀書」

接下來，讓我們將目光轉移到那群擅長在事先指定的路徑上前行、充分熟練一定套路來突破關卡的學生們。

從 105 學年度開始，我和好幾位同事組成一個跨學科領域團隊，開始研發課程，教導臺北市建國高中高一學生「如何閱讀、如何思考、如何探究、如何表達」。106 學年度課程以「選修」試行後，我們很快發現，建中學生「不會讀書」。108 學年度，這門課程成為所有高一學生的「校訂必修」。幾年下來，每一屆學生都不得不承認：他們在這門課程中發

現，竟然沒有指定的單一路徑，關卡無從預料，沒有一成不變的套路可用，於是突然不會學習！

2019 年底，《天下》雜誌在採訪我們教學團隊後，當時已直接下標題：「哪一堂課這麼狂？竟發現建中學生其實不會讀書」。

所謂「不會讀書」，指的是不懂如何進行「批判閱讀」（critical reading），欠缺閱讀策略、主動思辨的態度，不懂得評估作者的論證是否合乎邏輯、用來支持主張的證據是否能成立等。由於我們採用的閱讀材料並沒有超出國中畢業生的背景知識，因此學生們的「不會讀書」，主要來自於閱讀理解能力的不足。他們一開始幾乎都只滿足於複述主旨大意，不假思索，多數人不懂得如何分析、評估、質疑或追問。

但這不能怪罪學生。他們在上高中之前，學習歷程很可能是學習時間長、學習內容的知識量大、同時間要學習的科目數多、一直在繁複考試及機械式學習、食譜式或套路式操作等，這些都是造成建中學生，乃至各高中學生「不會讀書」的癥結。

換個角度，就「不會讀書」這件事情來看，全臺灣所有高一新生的狀況應該是差不多的。因此，誰先開始正視這個問題，放棄「背多分」的執念，設法改善、精進，誰就能率先走上「學習」的康莊大道。

教師，就是這類機會的提供者、情境的營造者。即便認為教室中的學生資質普通，也要抱持「騏驥一躍，不能十步；駑馬十駕，功在不舍」（《荀子》勸學篇）的信念，想方設法讓學生開始「會讀書」，持續不懈，終於「能致千里」。

開始問學生問題，就啟動了高層次思考

如果說「思考僅是少數人的專利或特權」，這真是一種錯誤的想法。在教學現場之所以長期盤據著這種想法，癥結在於學生讀不懂、記不住課本中的知識，教師們遂認為這些學生無法思考，「學生唯有讀懂、記住課本中的知識，才終於有能力進行思考」。依循這樣的邏輯，自然得出「唯有功課好的學生，才有能力思考」的結論，甚至是共識。

學生能否讀懂課本中的知識，牽涉的因素相當多，但若因此推論他們無能力或沒資格思考，顯然是一種偏誤。第一章曾經提及，小學高年級之後，學生其實已能進行形式運思，差不多到了 15 歲時，面對各種類型的學科知識學習，已可以運用理解、分析、歸納、詮釋、推理、想像、同理、反思等「高層次思考」。換言之，學生們形式運思的條件已經到位了，但多數人在教室中的學習活動卻總是派不上用場。

橫亙在中間產生阻隔的，應該是「態度」及「方法」，而且學生和教師兩方均有所欠缺。

學生欠缺學習的意願、動機和方法，這樣的情形普遍存在每一所學校、每一間教室，許多教師都曾經想要解決這樣的困難。但當教師必須面對將近兩、三百名學生，以及龐大的知識內容和緊湊的教學進度，加上其他待處理的雜務或例行公務時，能夠維持意願不減、動機強烈的人，可就大幅減少了。

不諱言的是，要激發學生的學習意願，需要方法；要讓學生開始思考，也需要方法。如果欠缺方法，教師們很難達成目標。

要讓學生開始思考，無須大費周章，最簡單、也最重要的方法，就

是在講述之餘,開始增加「問問題」的次數。問題類型,可以分成三種:

1. 事實性問題(factual question),偏向「what」問題的確認。例如:
   - 什麼是「光合作用」?
   - 什麼是「期望值」?
   - 請說明「哈伯法製氨反應速率」。
   - 構成一塊「溼地」,需要哪幾個要件?
   - 農業發展通常會受到哪些氣候因素的影響?
   - 義大利地區能發展出「文藝復興」,具有什麼特定的歷史背景?

2. 概念性問題(conceptual question),偏向「how」、「why」問題的辨識與釐清。例如:
   - 回收廚餘和減少食物浪費,如何產生關聯?
   - 「期望值」和「機率」有何不同?
   - 遷徙會促成許多物種的交流,應該怎麼解釋?
   - 美國南北戰爭結束之後,解決了「黑」或「奴」的問題?
   - 環境的平衡,為何對於維持生命是很重要的?
   - 「小說」和「真相」之間,具有什麼關係?

3. 辯論性問題(debatable question),屬於知識或價值上爭議、疑難問題的思辨與評判。例如:
   - 學校應不應該延後到上午 9 點才開始上課?
   - 臺灣針對 COVID-19 疫苗接種,是否應該只考慮「年齡」這一個

條件，從高齡者往下依序施打？

- 在數學上最佳的答案，會不會就是真實世界中問題解決的最佳方案？
- 在支持「放棄核能發電」的前提下，今後我們會不會付出「代價」或面臨「風險」？
- 我們向來依據「開港通商」，將臺灣史上「清朝統治時期」區分為前、後兩個分期，這是合理的嗎？有沒有其他分期的選擇？
- ○○國家因為族群、文化、社會經濟的差異，所導致的偏見、壓迫、衝突，有可能減緩，甚至消除嗎？

以上三種問題的設計，其實都可以包含從簡單到困難、從具體到抽象、從日常議題到社會或國際議題等。「事實性問題」未必就比較好回答。當然，就啟發思考的目標來看，顯然要在確認學生具備相關知識基礎、充分訊息的前提下，讓「概念性問題」、「辯論性問題」逐漸增加。

原則上，在一節課裡頭，應該要分別安排至少一個「概念性問題」、「辯論性問題」做為「主要問題」（essential question），藉以聚焦整節課的學習主軸，建構課程內容和教學流程。

教師只要貼近學生們的程度與經驗，從簡單、具體、切近的問題開始提問，善用暗示與鼓勵，循序引導，提供鷹架（scaffolding），靈活穿插三種類型的問題，讓前後問題具有脈絡關係，學生的思考就啟動了。

如果學生的回答跟教師預設的答案不同，應該先了解學生判斷的依據或推理的過程。我的經驗是，學生的判斷依據或推理過程雖有瑕疵，有時只要略加調整，就可能會是一個好答案。此外，即使學生的回答與

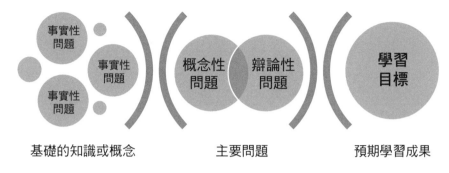

事實性問題 事實性問題 事實性問題	概念性問題　辯論性問題	學習目標
基礎的知識或概念	主要問題	預期學習成果

圖 2.3　以「主要問題」建構課程內容和教學流程

教師預設的答案一樣，我的經驗是，一旦追問，有時候竟可發現他們的判斷依據或推理過程其實是錯誤的，而隨後的研討和釐清，學生因此才有了更大的收穫。

只要學生願意開始回答問題，特別是在教師的提問中獲得鼓勵、引導，不再只有死記死背，他們就已經跨越「高層次思考」的門檻了。

學生開始問問題，是通往「學習如何學習」的門徑

上一小節重視的是，教師透過問問題、學生回答的過程，引導學生開始思考，特別是注意事實背後的概念、原理原則，形成探究、思辨的焦點，促成關鍵的、有意義的學習。

接下來，教師還應該進一步設法促使學生開始問問題，經由自行提問而啟動的思考，學習的主動性更強。這層道理不難，但多數學生卻不懂。

在教學現場，學生通常比較習慣等待教師的提問。而所謂程度好的學生，主要是擅長快速地、完整地將課本中、網路上相關資訊整理起

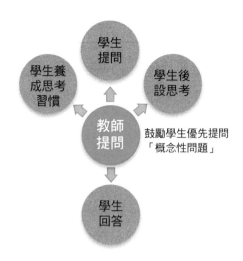

鼓勵學生優先提問
「概念性問題」

圖 2.4　由「教師提問」帶動學生發展有意義的學習，學會如何學習

來，很有邏輯地回答教師的問題。不過，這種能力往往只是 cut, copy, and paste（剪下、複製、貼上）。我無意貶抑這樣的能力，其實，能從眾多資料中擷取關鍵訊息，加以組織，而且確實能夠用來回答問題，這種能力當然值得肯定。但如果學習能力一直停留在此，等他人下指令，自己只是操作得更加精緻、熟練，這可就不好了。

　　如何引導學生開始問問題呢？關鍵就在前面提到的，追問學生「概念性問題」、「辯論性問題」，尤其是教師應該刻意準備立場、觀點不一，乃至對立、反駁（rebuttal）的資料，破壞學生提出來的「完美答案」。同時，教師當然得提供一些配套：

1. 明白地強調「好問題，比好答案還要有價值」。
2. 鼓勵學生優先提問「概念性問題」。如果學生太過偏好「辯論性問

題」，得先確認其「不解」，已是經過「百思」而不可得，避免學生「誇誇其談」。

3. 如果學生常常問「事實性問題」，就得帶著學生上網蒐集資料，實地演練查找答案的歷程。以我的經驗而言，教師實地帶著做之後，學生「終於」知道原來這麼簡單，就會儘量避免再問這麼 low 的問題了。

4. 無論提問何種性質的問題，都要鼓勵學生將「何以不解」的思辨、推理、論證過程說出來。

5. 當發現學生思辨、推理、論證的瑕疵時，除了暗示之外，最好經常使用「然後呢？」（and then?）來追問，讓學生自己去反思，發現缺漏的關鍵訊息、錯誤的概念、推論的不合理，或思考的盲點等。

6. 鼓勵學生間的對話，或促成小組討論，引導他們一起注意思辨、推理、論證過程的比較、評估、改進或補充，而不是僵持在哪一個答案才是正確的。同時，無論支持或反對，都要提供批判的理由或依據，不能只是「我支持（或反對）」。

7. 提醒學生，「寫作是最精純的思考」，鼓勵他們將思辨、推理、論證、討論的發現，運用文字、數據、圖表等，加以統整表達。

　　歸納地說，教師的角色應該以引導學習者、對話者、陪伴者、支持者為優先，而不是答案提供者。教師的最重要職責，是營造一個有助於學生提問和思考的友善氛圍，引導他們藉由思辨、反思、自行提問等過程，培養出思考的習慣，進而發展出有意義的學習。

　　於是，讓學生問問題的「進階」表現，將自然而然地產生了。這就

是啟動「後設思考」——仔細檢視、批判自己的思考或答案，追問自己以下幾個問題：

1. 我的答案真的合理嗎？我真的了解嗎？
2. 我如何知道的？我的答案是如何推理、建構出來的？
3. 我能夠向同學解釋清楚嗎？我要如何分享給同學，好讓他們也都能了解？
4. 我應該再去蒐集什麼樣的資料，讓思考或答案更為完備？
5. 為了增進精熟度、強化自己不擅長的部分，我應該如何多加練習？
6. 還有什麼問題，是我不知道的，應該要繼續追問的？

後設思考，其實正是在反思自己的學習。在這樣的反思中，不外乎是在釐清和精進以下四個學習要項，由先而後，依序是：

1. 學習結果的評估。（學習的成績好不好）
2. 學習策略的掌握。（學習的觀念、方法、模式等，還可以怎麼調整）
3. 學習目標的設定。（依據學習成果，檢視原來的目標是否恰當，可以如何調整）
4. 學習進程的規劃。（為了達成新目標，在時間管理或進度安排上，得做出什麼樣的轉變）

培養閱讀理解、
批判思考、探究
實作、論證寫作
、團隊合作等

進行後設思考，
養成思考的習慣

啟動高層次思考

學習如何學習

問問題

扎根基本能力

圖 2.5　經由「問問題」發展「學習如何學習」

　　請注意上述的順序，正是「逆向模式」（backward model）。隨著思考習慣的養成，有意義的學習經驗累增，信心產生了，視野打開了，學習目標（志向）自然也就可以重新設定，而學習進程也連帶地有所調整。

　　關於「學習」，最應該擴大想像力、精進相關策略的人，其實是教師。而捍衛「學習」這一項屬於所有學生的基本權利，同等看待、肯定多元智能，提供不同特質及專長學生適性學習的機會，當然是教師責無旁貸的任務。

　　教師該優先確認的，不是讓學生比賽誰學得快、學得好、答案標準，而是他們「已經學會如何學習」。只要學生們都能仔細檢核、反思自己的學習，養成問題和思考的習慣，扎根「閱讀理解」、「批判思考」、「探究實作」、「論證寫作」、「團隊合作」等基本能力，確保學習及思考的品質，不久之後，就會發現「其實我也可以學習得更好」。

　　臺灣大學每節上下課，「傅鐘」都會敲 21 響。根據臺大校史記載，這源自校長傅斯年先生的名言：「一天只有 21 小時，剩下 3 個小時是用來沉思的。」可見「思考／後設思考」是多麼的重要啊。

第三章

學習高階思考力，
小學生也可以

- ✓ 只要不再死記死背、不假思索，開始動動腦，就已經啟動了高層次思考。

- ✓ 高階思考力，涵蓋三個面向：認知能力、社會互動能力、後設認知能力。

- ✓ 在真實情境中發現與界定問題，進而解決問題，兒少從未缺席。

- ✓ 在 21 世紀，「卓越」不是指贏過別人，而是在自己擅長的領域中，盡力做到該領域的「最好」。

「高階思考力」或「高層次思考」，其實沒有很高超。我在《高層次閱讀與思考》這本書的定義是：

只要不再死記死背或不假思索，開始動動腦，試圖理解，就已經跨過「高層次思考」門檻。

這個定義看似寬鬆，卻合乎實況。

我們在前一章探討「學習如何學習」，便是主張應扎根於閱讀理解、批判思考，學生可經由「提問」、「批判性閱讀」、「後設思考」，而發展「學習如何學習」。在這樣的學習歷程中，始終需要「高層次思考」運思其間。

具體而言，我們可以將「高層次思考」的要項，稍加整理如圖 3.1。

從「記憶」轉向「理解」，「高層次思考」就開始啟動了。理解，是高層次思考的運思基礎。以此為基礎，大致上可以往三大面向發展，分別是「認知能力」、「社會互動能力」、「後設認知能力」。而「認知能力」，則可再細分為「分析—推理」、「綜整—評估」、「想像—創造」三種取向。

此處的分類，僅是為了方便而做出一些區別，實際上，思考活動往往會依據目的或任務的需求，融合運用一種以上的思考能力或取向。

「高層次思考」很難嗎？如果一直強調「不難」，說服力好像不夠。那就來見證一些實例，確認這真的沒有很難吧！

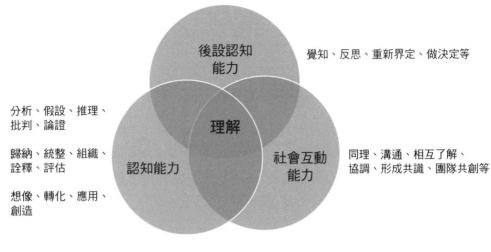

圖 3.1 「高層次思考」的要項

提問及探究，是兒少的日常

小學生，甚至是幼兒園的小朋友，充滿著好奇，經常問「為什麼」，他們都是很好的學習者。

2018 年，我和幾位夥伴合作撰寫《中學專題研究實作指南》。那年春天，我正好參觀了一所國小附設的幼兒園，大班小朋友即將於 7 月畢業，他們在上課過程中對於「報紙」（《國語日報》）產生極大的好奇，這是一個在日常生活中幾乎已消失的東西。小朋友將他們的好奇轉為行動，大家決定合編一份報紙，記錄校園中的點點滴滴，送給自己當成畢業禮物。

在教師的指導下，他們動用了觀察和採訪兩種方法，自己設計報導主題、選定採訪對象、擬定訪談問題、了解訪談的禮節、練習小組分工

合作，並且掌握時間進度。最後，因為識字不多，所以混用國字、注音符號、畫畫，記錄自己的發現與想法，完成報紙編輯。這真是一份何其珍貴的畢業禮物！

請問，這整個探究與實作的過程，以及作品的完成，不正是「高層次思考」的展現嗎？

可能還有不少教師記得，2007 年簡媜發表《老師的十二樣見面禮》這本書，短短三個月，再刷四十四次，全國各校掀起一波波仿效風，開學日送給入學新生「十二樣見面禮」。

事過境遷，當時跟風盛況已經不再。但簡媜在書中〈期中成績單〉提到，2006 年兒子在美國就讀四年級的學校如何評量學生的學習成就，讓我印象深刻。

這所位於科羅拉多州的小學，對於學生的評量主要分為「學科能力」及「超越學科能力」兩大類，簡媜在詳細了解之後，發覺後者實在太重要了。「超越學科能力」總共包含五部分：社會能力、研究能力、思考能力、交流能力，以及自我管理能力。

一如簡媜在書中的詳述，我特別注意「研究能力」、「思考能力」兩部分。其中「研究能力」的細項包括：

1. 能從相關問題中找出研究主題。
2. 能多元地蒐集資料。
3. 能有效地傳遞所學知識。
4. 能恰當地運用技術。
5. 能利用圖書館增強學習。

「思考能力」的細項則包括：

1. 能學習研讀與主題相關的資訊。
2. 能有效地運用知識。
3. 能省思並且做決定。

這所美國小學針對能力的評量，只區分三個等級：SE（strongly evident）、DV（developing）、EM（emergent），簡娟的孩子在第一個學季「超越學科能力」各部分，都拿到 SE 或 DV。

我曾經多次要小心機，將書中這兩部分的能力描述，呈現給高中教師、家長，然後請教他們，「如果要求高中生畢業時，必須具有這些能力，會不會太超過？」不出所料，大部分的教師或家長同意這些能力很重要，但學生可能學不來。但是，當我提供出處，說明這是給小學四年級學生的評量要求時，大家都十分驚訝。

十幾年過去了，簡娟當年認定這兩個臺灣教育體制中最缺乏、也是最不受重視的學習重點，隨著 108 課綱的推動，終於有了改變。但實際上有多少教師仍然局限於過往的人才養成目標，不太相信中小學生可以進行高層次思考，從探究與實作中發展能夠促進學習品質的關鍵能力呢？

界定及解決問題，兒少從來沒缺席

過去幾年因緣際會，我也深入接觸「國際教育」，參與許多課程設計、教學活動，以及相關計畫審查、《中小學國際教育白皮書 2.0》編撰

（教育部於 2020 年 5 月發布）等。我最關注的，自然是這個時代的中小學生如何能夠拓展視野，具有國際移動力，以及進行國際交流、合作的能力。

在多次的國際比較、國際交流中，我看到了世界各地兒童、青少年的活力，以及讓家園、世界更美好的行動力。

瑞典少女葛莉塔・童貝里（Greta Thunberg），16 歲時已經在「氣候變遷」的環保活動中，成為主要倡導者，曾有 100 多萬學生響應她的號召，走出教室，抗議各國政府在氣候變遷問題上的不作為。

馬拉拉・尤沙夫賽（Malala Yousafzai）11 歲時的日記，記錄她在巴基斯坦「塔利班」（Taliban）勢力統治下的生活，並匿名發表，引起外界的注意。隨後，她公開發表講話，為女孩受教育的權利大聲疾呼。14 歲時，塔利班槍手在校車上朝她頭部開槍，倖免於難。痊癒之後，她持續發聲，不畏強權。

大家或許只是看到她們活躍的身影，但往往忽略了兩位女孩當年為行動倡議所下的苦功。她們影響力的發揮，奠基於觀察、思考、蒐集資料、組織社群、寫作、演講、活用資訊、省思且做出重大決定等。

此外，南美洲祕魯男孩荷西・康多里（José Adolfo Quisocala Condori），一直關注貧童與氣候變遷議題。幾經思考、研究，14 歲時終於在家鄉成功開辦一間兒童儲蓄銀行，兒童只要提交 5 公斤紙張或塑膠等可回收資源，就可以開戶，成為會員。荷西與當地回收公司達成協議，提供會員較為優惠、有保障的回收價格，直接存在帳戶中。

印度中學生畢斯曼・狄優（Bisman Deu）從小就看著父母在農忙季節焚毀稻作，產生許多廢棄物。因此，她在全球社會創新挑戰賽（Social

Innovation Relay）的協助下，在家中廚房進行實驗，以稻殼和稻草為原料，設計出「綠色木材」（Green Wood）。這是一種環保減碳，還具有防菌、防塵功能的塑合板，用來取代貧窮地區普遍使用的土塊，成為實用又便宜的建材。2015 年，這項發明獲得聯合國兒童基金會的表揚。

來自土耳其的 16 歲少女艾莉芙・畢爾金（Elif Bilgin），十分關注環保議題，嘗試以香蕉皮代替石油，製造出生質塑膠（bioplastic），並且用這種塑料製作電線絕緣體。這個創意，獲得美國《科學人》（*Scientific American*）雜誌肯定，頒給她「科學實踐獎」（Science in Action）。

在我蒐集國際教育題材的檔案中，保存跟臺灣有關的兩份資料。一是 2016 年，國立彰化高中在宏碁創辦人施振榮專款補助下，主辦第二屆「國際馬拉拉獎」。當年獲獎的青少年中，有一位臺灣學生是北一女中的蔡亞涵，在校內發起「短褲自由陣線」，延續臺南女中、臺中女中短褲運動，為去除高中女生服儀的不合理限制而努力，進而影響了校園服儀的開放。

此外，來自巴基斯坦的哈桑・薩法爾（Hasan Zafar）與希琳・薩法爾（Shireen Zafar），這對 17 歲、13 歲的兄妹檔，在家鄉發起「街頭學校」，利用空地，搬桌椅來上課。後續爭取到父母與社會各界支持，「街頭學校」的規模已有 6 位教師、90 位學生加入。

來自印尼峇里島、15 歲美樂蒂・維森（Melati Wijsen）和 13 歲的妹妹伊莎貝爾・維森（Isable Wijsen），一同發起停用塑膠袋運動，成功說服峇里島當局，承諾於 2018 年前實現「峇里島無垃圾袋」政策。

14 歲的英國女孩露西・嘉瓦瀚（Lucy Gavaghan），以發起拒買不人道飼養雞蛋獲獎。17 歲敘利亞女孩哈蒂雅，則是花了 3 年時間拍攝難民營

的紀錄片《另一種女孩》，以鏡頭記錄她們在約旦難民營生活的點滴，獲得全球超過 30 個影展鼓勵。

另一份資料，則是長年關注公益行動力的「臺灣多益獎學金計畫」，我曾指導一組學生在偏鄉地區推廣民俗體育活動而獲獎。但讓我印象最深刻的是，五位不同學校的高中生發現柬埔寨當地貧困家庭的需求，從 2014 年暑假開始，發起「Light love 小太陽」計畫，透過粉絲團及向各大企業提交企畫書募資，一年下來，送出 100 盞太陽能 LED 燈到當地，用一盞盞的燈點亮柬埔寨貧困家庭，和想讀書的孩童。

以上僅能舉出有限的實例，但只要上網輸入「teenagers changed the world」，就可搜尋到更多精采的資訊，發覺我們這個時代的兒童、青少年多麼具有思辨與批判的能力、研究的創意、人道關懷，以及改變世界的熱忱與行動力。

近年來臺灣大力提倡「服務學習」（service-learning），著重學生事先的規劃與設計，從感受、想像、理解的過程中，運用課堂所學轉化及延伸，展開實踐行動，貢獻社區、家鄉，乃至國內外偏鄉地區。同時，透過服務過程所得到的啟發及省思，擴充學習的視野與知能，並體會同理心、人道關懷和合作互惠的意義。

透過這樣的歷練，已經可以扎扎實實地將高層次思考、探究與實作能力都發揮出來了。簡娟當年對比美國而強調的「研究能力」和「思考能力」，乃至其他的「超越學科能力」，一旦結合服務主題所涉及的「學科能力」，在「做中學」過程中統統有了實踐和提升的機會。這正是十二年國民基本教育或 108 課綱所著力改進與實現的目標。

卓越，應該重新被定義

臺灣社會過去對於學生的「成功」或「卓越」，想像力是相當固定的，若不是「就讀明星高中、頂尖大學」，就是「當律師、醫師、科技新貴」。然而，在 21 世紀未來的發展中，知識的傳遞與學習、工作的性質和模式，以及社會運作的機制與資源等，都必然出現翻天覆地的轉變。面對新時代所期待的「成功」或「卓越」，教師得有更開放的想像。

不過，我們毋須恐慌可能的「無邊無際」。因為，我們要引導學生的不是去「符應」某種制式標準，而是扎根基本功，支持學生的適性探索與發展。「成功」或「卓越」的意義，將不是要求學生必須跨過某一個固定的門檻，盡力將 99% 的人拋在後面，而是支持每一位學生突破自己的瓶頸，在擅長的領域中盡力做到該領域的「最好」。

歸納美國、英國、澳洲、歐盟等國家的期待，國際社會為了未來人才培育所界定的「核心能力」（core skills），不外乎六大項：

1. 批判思考與問題解決能力（critical thinking and problem solving）
2. 創造力和想像力（creativity and imagination）
3. 領導能力（student leadership）
4. 溝通和合作能力（communication and collaboration）
5. 公民參與能力（citizenship）
6. 資訊能力（digital literacy）

世界經濟論壇（WEF）在《2020 年未來工作報告》中指出，到了

2025 年時，最重要的軟實力是：

1. 分析思維
2. 積極學習與學習策略
3. 複雜問題的解決能力
4. 批判性思考
5. 創意與原創性
6. 領導能力與社會影響力
7. 科技的運用
8. 科技設計與程式編碼
9. 正面思考、抗壓性與彈性
10. 推理、梳理問題、構思概念
11. 情緒管理
12. 發現問題與使用者經驗分析
13. 服務導向的思考模式
14. 系統分析與評估
15. 說服力與談判能力

　　若與先前揭櫫的 2015、2020 年「十大關鍵能力」比較，世界經濟論壇顯然持續重視屬於個人層面的「複雜問題的解決能力」、「批判性思考」、「創意與原創性」等能力，以及屬於群體層面的「領導能力與社會影響力」、「服務導向的思考模式」等能力。不過，新增的「分析思維」、「積極學習與學習策略」排名就衝上第一、二位，此外，也更強調「科

技」相關能力。

經濟合作暨發展組織（OECD）則認為，2030年所需的核心能力，涵蓋知識（knowledge）、技能（skills）、特質（character）與態度（attitude）、後設學習（meta-learning）等面向，並且透過「有效學習」，將所有面向加以融會貫通。檢視其內涵，知識面更為強調「跨學科領域」，技能面一樣重視「批判」、「創造」、「溝通」、「合作」等能力，而特質與態度面則關切「好奇」、「彈性」、「倫理」等。值得強調的是，「積極學習」、「後設認知」也共構了核心能力的內涵。

而臺灣在108課綱中所揭櫫的「核心素養」，著重整合認知、情意、技能，強調培養以人為本的「終身學習者」，從「自主行動」、「溝通互動」、「社會參與」三大面向加以落實。依照三大面向所建構的九大核心素養，整理如下頁表3.1。

歸納以上相關資訊可以發現，未來人才所需要的基本／核心能力，同步著重4C，包括屬於個人層面的「批判性思考與問題解決」（critical thinking and problem solving）和「創造與創新」（creativity and innovation），以及屬於群體層面的「溝通與協調」（communication and coordination）和「團隊共創」（collaboration and building）。

但是，要能養成與發揮這些能力，我們還需要重視「學習和後設思考」、「科技運用」、「領導能力」，以及「好奇心」、「恆毅力」、「彈性」、「情緒管理」、「公民參與」、「倫理與關懷」等特質，並在「探索」與「反思」的行動中，促成「認識自己」和「發展群體」，也就是「成己成人」的一體實現。如此對於未來人才的多方期待，彙整成圖3.2。

在上一章中，已經討論過「高層次思考」、「基本能力」、「學習如何

▎表 3.1　108 課綱「核心素養」

關鍵要素	核心素養面向	核心素養項目
終身學習者	A　自主行動	A1 身心素質與自我精進
		A2 系統思考與解決問題
		A3 規劃執行與創新應變
	B　溝通互動	B1 符號運用與溝通表達
		B2 科技資訊與媒體素養
		B3 藝術涵養與美感素養
	C　社會參與	C1 道德實踐與公民意識
		C2 人際關係與團隊合作
		C3 多元文化與國際理解

學習」三者相輔相成的關聯。在這個單元，我們看到更多的強調，以及
許多源自兒少實踐行動的精采示範。基本上，我們過去所關心的「學科
知識」，當然還是相當重要的，但是，面對科技的快速更新與社會的巨幅
變遷，光有學科知識已經不夠了。我們時常聽到：「在學校所學習的知
識，可能畢業前已經無用」、「10 年內，至少有數十種工作將消失，而
AI 會取代四分之一的人力」等說法，很可能即將成真。

　　因此，具備「高層次思考」、「基本能力」，以及「學習如何學習」，
並且重視「跨學科領域」的探索和運用，才會顯得越來越關鍵。

圖 3.2　未來人才的必要能力與特質

　　課堂中的學生，大約自 10 歲起，其形式運思、抽象認知的能力已逐漸發展起來。體認這個事實，身為「教師」的成人，在 21 世紀未來時代發展中，面對學生，應當做出什麼準備與承諾？

2

第二單元

破除教學慣性，
落實專題探究

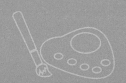

第四章

學科知識是寶庫，
不是堡壘

✓ 真實世界的議題，有哪一個不
　會牽涉跨領域的知識或技能、
　可以靠單一學科搞定？

✓ 有哪一門學科知識不能跨領
　域，無法與其他學科合作？

✓ 跨學科領域教師共備，需要相
　互了解和協力合作，各自拿出
　適切的知識或方法，嘗試做出
　貢獻。

✓ 在新興科技當道的時代，教師
　不應繼續讓「偶包」困擾自己，
　死守知識堡壘，故步自封。

教師的工時頗長，一般人看到的只是課表上的工作時間，但沒看到的還有備課、批改作業、班級經營、命題、學生輔導、補救教學、學生參賽或課外活動指導、與家長溝通、參加研習或培訓，以及一些例行公務、會議，或指派的任務等，在法定的上班時間未必能搞定。如果學生出現問題行為，無論情節嚴重與否，都得再耗費極大心力處理，而往昔這種突發情況，其實目前已成日常。

　　在「分科教學」的模式中，教師上課時往往獨自一人傳遞該學科知識給學生，下課後回到辦公室，待到下班，幾乎都與同一學科的同事互動，話題總環繞著「學科知識」、「教材教法」、「學生」打轉，平日接觸的人很固定，背景也都頗為單純、相似。

　　如此穩定、封閉的工作型態與職涯，身為「某某學科教師」，怎可能不高度認同該學科知識呢？更何況，教師工作最大的成就感，往往是學生在該學科知識的考試成績表現，這更強化了教師和學科知識的連結，根深柢固。

　　因此，如果讓教師們嘗試跟其他學科領域的「奇怪／陌生人」（stranger）接觸，我們發現，若是尋求「教學設計」的合作，或許有一些機會，因為是偏向技術性課題；但如果要在「課程設計」上進行合作，很快地大家就會發現，雖然都是講中文，一時之間並不易溝通。於是，我們就會聽到類似的對話：「那是你們科這樣想，我們科根本不會這樣子處理。」「要共備課程，可以呀，反正有四科，每一科均分，就包下四個星期囉。我們的第○冊第○章主題類似，就拿這一章調整一下，搞定！」

　　問題出在哪裡？有可能改變嗎？

「跨領域」需要跨越的障礙

想要在目前的教學現場，特別是希望國中或高中教師「跨領域」協力，所面對的將是一場場的障礙賽（obstacle racing）。形成障礙的原因，大體上可以分成兩個層面來看：

1. 結構面：中學教師向來是「分科」型態的養成、認證、甄選、應聘、職責或任務分派，「跨領域」對話及合作經驗，可能只是來自於學校日常生活中的交流，屬於個別性質的互動，不是系統性、制度化的行動。

2. 心態面：中學教師向來對於自己所屬學科相當認同，對於其他學科知識的態度，多數情況可能是尊重、忽略，或者，甚至是歧視。所謂「文科／人文」vs.「理科／科學」，形成「兩種文化」（two cultures）的隔閡，在教學現場並不罕見。而類如「主科」vs.「副科」，或「考科」vs.「非考科」的學科階層化問題，早就是數十年來教育改革的重點，但似乎根深柢固，積習難革。

108課綱從課程結構面的調整，開始拆解上述「結構面」的一些障礙。教育部釋出了課程決定的部分權力，促使教學現場教師承擔「自然領域探究與實作」、「社會領域探究與實作」、「校訂必修」、「多元選修」、「彈性學習」的課程設計與實施，其中，更規範「自然領域探究與實作」必須跨學科協同教學，而其他課程，例如「社會領域探究與實作」、「校訂必修」，若確實有跨學科領域之探究與實作課程設計，亦可

支付兩位教師協同教學的鐘點費。

政策的引導，確實在不少學校啟動轉變。跨學科，乃至跨領域教師的交流、協力，發展出許多深具創意與教育理想的課程。

就我個人的觀察與推估，已經成功推動跨學科，乃至跨領域教師交流、課程與教學協力的學校，大約會有 20% 的教師參與。比例不算高，但轉變畢竟已經開始。如何將這 20%「先鋒」教師的影響力擴大，分享並提升跨學科領域課程設計與教學協力的品質，這便需要從新時代人才培育目標（第三章）著眼，調整分科教學的模式，重新規劃教師職責與任務，予以制度化，才能逐步轉化目前心態面的局限、僵化。

哪一個學科不能跨領域？

教學現場一直有部分的教師把自己框限在單一學科知識結構中，甚至緊縮在課程綱要中，最窄化的狀況，則局限在那幾本薄薄的課本裡。

自 20 世紀以來，知識高度分化的趨勢導致「專家」大行其道。不過，進入 21 世紀，相關的反思與轉變早已出現。例如丹尼爾·品克《未來在等待的人才》一書，提到未來的人才，應該是：「不只有功能，還重設計；不只有論點，還說故事；不只談專業，還須整合；不只講邏輯，還給關懷；不只能正經，還會玩樂；不只顧賺錢，還重意義」。在理性、邏輯之外，同時講究高感性與高體會。

事實上，多元、創意、彈性、跨域整合、團隊協力、系統思考等，已是網路熱搜的關鍵字詞，也是人力資源、職涯規劃、學校教育的焦點。

舉例來說，學習程式設計的人，對於想要運用程式來處理的事情、

情境，以及使用者的需求、思考模式等，應該都得深入了解，這是程式能否 friendly（user friendly 或 mobile friendly）的關鍵。因此，要求學生針對設定的使用者進行訪談、在相關情境中進行觀察記錄等，都是必要的。這樣一來，在設計程式之前，至少要掌握與任務情境相關的知識，以及動用訪談和觀察等方法。這不就是「跨領域」嗎？

國文或英文教師，指導學生探討聯合國永續發展指標（SDGs）議題中的「目標12：負責任的消費與生產」，最後指定的作品型態是「報導文學」。在學習過程中，學生的閱讀文本不免涉及許多自然科學、人文與社會科學知識。常聽許多語文科教師說，語文科要做「跨領域」是最容易的，確實不假。

臺北市立建國高中的校訂必修課程，這幾年規定學生的探究主題要在「飲食」範圍中尋找。「飲食」主題的設定，是這個「教育部教學卓越獎金質獎」跨領域教師社群的共識。仔細想一想，有哪一個學科的學習內容與「飲食」無關呢？化學老師開玩笑說，你想要什麼口味，我都可以辦到，不過吃下去之後，就不干我的事了，應該要去問生物科或健康與護理科老師。社會領域三個科目的老師則發現，他們的課程設計（飲食傳統與文化、吃在地、效益與風險等）應該可以和家政老師一起討論、備課，相得益彰。至於效益與風險的計算、描述、解釋等，數學老師能夠指導如何轉化為數學思考，用數學語言來呈現。

以上這些，不都是「跨領域」嗎？沒有哪一個學科可以搞定一切，或者能夠斷絕與其他學科的往來。那為何不敞開雙手，彼此開始對話、交流與合作呢？

從學科角度來看待「世界」的觀點，如果採取的是「切割式」的見

解，那就宛如群雄割據、裂土分封。我曾參與校內外一些嘗試推動「跨領域」課程設計的討論，在某些場合裡，各科「主將」所呈現的態勢宛如一座座森嚴的堡壘，其他人難越雷池一步。而這一座座堡壘，都是以108課綱中學習內容的「主題／項目／條目」（或「主題／次主題」），及其先後順序所高高築起的。

我比較納悶的是：現在是要重新設計一門新的課程，請相關學科一起來貢獻所長、激發創意，並沒有要哪一個學科「割地」，反而是讓各學科「固有疆域」有所拓展，為何要獨樹一幟，堅壁清野呢？

另外有一些場合，某一學科主動發起，或是在校長、教務主任請託下，居於「中心」來主導。如果這個學科能夠找到共通的主題與目標，以及視野較為開闊或充滿好奇的「陌生人」，順利向外延伸、連結「鄰近學科」（neighboring disciplines）而開啟跨領域互動，隔閡情況就有機會解消，甚至還可能轉向「共享式」課程設計。

圖 4.1　學科「切割式」的世界觀

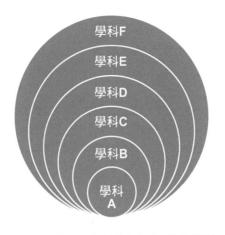

圖 4.2　圖 4.2 學科「中心式」的世界觀

　　最理想的合作型態，自然是彼此都懷抱著「共享式」的世界觀。參與跨領域課程設計的各個學科都認同「學校願景」，或某一個「重大課題」（例如生物科技與倫理議題、在地社區創生、聯合國永續發展目標14：永續海洋與保育等），因此精銳盡出，在研討中彼此激發想像和創意，搜尋自己學科的知識寶庫，分享許多合適且精采的題材、觀點、推理模式。在相互了解（mutual understanding）中，產生「視野交融」（fusion of horizons），於是，一門跨領域新課程誕生了。

　　部分教師之所以排斥跨領域課程設計，或者迴避與不同學科教師進行課程對話，理由總是該學科課綱的學習內容及順序都更動不得，因此，任何的跨領域嘗試都是打擾或製造衝突。不過，這實在毫無道理。就以號稱知識體系最為嚴密的「數學」而言，歷次課程架構的變動也相當明顯，此次108課綱的調整亦然，並無所謂「鐵板一塊」的狀況。其次，推動「跨領域課程設計」的必要性，來自於：

圖 4.3　學科「共享式」的世界觀

1. 真實世界的現象或問題總是多方牽連的，例如傳染病的預防與醫療，涵蓋的學習科目至少有生物、化學、健康教育、護理、體育、歷史、地理、公民與社會。事實上，國文、英文、數學、物理、家政、生命教育等科目，在取材上也可以有所關聯。如果我們要讓學生針對「傳染病的預防與醫療」有所學習，卻讓學科各自為政，而期待學生自行統整，這是否合理？

2. 真實世界的現象或問題，各門學科都有其特定的理解方式與回應處理的方法。如果要讓學生不再死讀書，最好的方式就是「做中學」，面對真實情境，參照書本知識，學會理解、比對、辨識、轉化、活用、實作。學生一旦在「做中學」有所收穫，自然能促進書本知識的掌握，甚至進入「豁然開朗」、「左右逢源」的境界。

　　尤其是，面對人類創造的社會或科技系統越來越巨大、複雜，當今世界的知識發展，各學科早就在相互整合，才足以因應或更求突破。

最好的證明是「科際整合」、「邊際學科」越來越普遍。例如生物化學、仿生科技、太空考古學、宇宙生物學、宇宙語言學、機器學習、科技與社會、地理資訊系統等。

我曾經執行國家科學委員會的「高瞻計畫」，在建國高中發展跨領域科學教育課程。當時參訪醫學院，訪談了電機、電子、材料工程等專長的學者，他們是在「醫療器材、奈米科技、微機電系統」這樣的項目下整合成團隊。我也曾經執行人文及社會科學資優教育方案，參訪中央研究院地理資訊科學研究專題中心，學生直覺這屬於「地理科」的，但當我們擴大視野時，就會發現可以探索的題目涵蓋自然科學、社會科學，就連文學，亦可研究。

我不懂學生的跨領域，怎麼辦？

教師們迴避「跨領域」，還有一個原因：怕 hold 不住課程、hold 不住學生。

然而，教師必須了解，在這個 ICT（information and communication technology，資訊與通信科技）、AI（artificial intelligence，人工智慧）當道的時代，其實不必再堅持「無所不知」、「全知全能」的形象，「不懂」或「弄錯了」都是再自然也不過的。

換言之，教師不要再繼續讓「偶包」困擾自己。「偶包」是流行語，「偶像包袱」的簡稱，英文用法通常是 to put up a façade（façade 是法文的「臉」），或者 care about one's reputation，形容詞則是 superficial，顧形象的。

我曾經在不少場合，請教各校教師們一個問題：「若學生依照老師的鼓勵，在實作學習任務中進行跨領域探究的時候，卻遇上一個生物學的問題，請問，不是生物老師的你，該怎麼辦？」大家先是一陣沉默，但通常很快地就會有人回答：「要學生去請教生物老師。」

　　於是，我追問：「學生不懂生物的問題，應該是由他去請教生物老師，還是你去請教生物老師？」回答這個問題的速度快多了，而且往往異口同聲：「當然是學生去請教生物老師啊！」

　　接著我再追問：「如果是高一學生，還沒上到生物課，怎麼辦？」

　　回答這個問題，就更容易了，「我會介紹學生去找某某生物老師。」

　　類似的情境，譬如說學生運用「中地理論」（地理課）時，遇到數學問題，「去請教數學老師」；學生想描述及解釋 COVID-19 社區傳染模式（數學課），「去請教生物老師」；學生想要書寫一篇關於「性別平等」議題的議論文（英文課），「去請教公民老師」。

　　學生會動用什麼樣的跨領域知識，那是學生的選擇，這裡不存在著哪一個學科知識「比較高貴」的議題，能夠解決、回答學生想要探究問題的知識與方法，就是「最適當」的知識與方法，而這通常未必只能有一種。

　　對於該如何指導學生進行高層次閱讀與思考或是跨領域探究與實作時，我經常會開玩笑地說，這種課程真的很好授課，教師只需常常將兩句話掛在嘴邊即可：

1. 「然後呢？」（當學生來說明發現或進度時）
2. 「去請教……」（當學生卡關時）

但嚴格地說，這還真不是開玩笑，而確實是學生學習的重點：

1. 應該把推理、論證的過程想清楚，而且要能說清楚、寫到讀者讀得懂。
2. 善用各種資源，設法解決所遇到的困難。

善用校內外連結，幫學生打開視野與想像

絕大部分學生在一開始，甚至部分人到學期一半過後，都還無法將以上這兩個學習重點掌握好。此時，教師應該以「第一讀者」的身分，引導學生搞定第一個學習重點，進而以「分享資訊／資源者」身分，支持學生搞定第二個學習重點。這兩個指導的任務，都遠比「告訴學生答案」還要關鍵。

此外，經過幾年的「高層次閱讀與思考」，或「跨領域專題探究與實作」的指導之後，有經驗的教師，對於其他學科領域的知識多少了解一些，也與不同學科領域的教師多了一些情誼，這是教師給自己的收穫。至於學生在這些課程中，所獲得的啟蒙、省思，或展現的求知熱忱，就是教師送給學生最棒的禮物，也是送給自己更大的回饋。

教師善用自己及校內外其他專家學者的知識寶庫，幫學生打開視野或想像，增進他們與真實情境的連結和探索。這樣的學習歷程與心得，往往比最後完成的成果還要珍貴，影響更深遠。

愛因斯坦是理論物理學家，但他的「相對論」最後能夠圓滿證成，數學是關鍵。而其理論的證實，則仰賴當時第一次世界大戰的敵國——

英國的天文學家亞瑟・艾丁頓（Arthur Stanley Eddington）在西非的觀測紀錄而確認。

由於愛因斯坦的理論將會推翻牛頓的萬有引力理論，因此，艾丁頓在爭取皇家學會支付其觀測計畫經費時，遭到長官及同僚的杯葛，甚至捲入「德國人愛因斯坦」vs.「英國人牛頓」的意識型態衝突。所幸，在科學求真的理念下，幾經波折，反對者終於放下執念，讓艾丁頓順利成行，設法確認「相對論」是否成立。

這個故事告訴我們，只要願意放眼天下、關心真實世界的議題，同時心懷讓世界更好的意念，那就自然而然會與其他學科產生互動，彼此貢獻所長，相輔相成。只有一直固守、凝視自己的學科知識，乃至只在意滾瓜爛熟的知識內容，才會故步自封。

第五章

素養教學
不是帶團康

✓ 在「以學生為主體」的課程設計、教學與評量實施過程中，「教師」的重要性更為提升。

✓ 如何整合學習內容與學習表現，一體設計出「學習重點」，是「素養教學」成敗的關鍵。

✓ 「素養教學」著眼的是如何促成「樂於學習」，而非一味追求「快樂學習」。

這幾年「快樂學習」、「翻轉教室」、「以學生為主體」等教育訴求，廣受重視。一時之間，傳統的講述、問答教學方法，或是所謂「教師中心」模式，大受批評。

而十二年國教強調「素養」，反思當年推動九年一貫課程過於將能力和知識二分的問題，刻意採用「素養」一詞，藉以涵蓋及統合能力、知識、態度三者。因此，偏重學科知識傳遞的教學，被視為窠臼。運用「主題式學習」來連結真實世界情境，引導學生自主地藉由實作、解決問題的過程，統整能力、知識、態度的學習，成為最重要的學習目標。

簡要地說，包括問題導向學習、專題探究學習（project-based learning），以及以現象為本的學習，這三種 PBL 可視為晚近「新」教育的主流。

教師中心因此退位了嗎？還是說，因為學習模式的大轉變，「素養」當道，其實更加仰賴教師的「另類」指導？這個「大哉問」，將在以下三章深入探討。

什麼是「素養教學」？

關於「素養教學」的界定，應從四個層面來衡量：

1. 學習內容：貼近真實世界的情境，儘量涵蓋知識、能力、態度的學習與統整。
2. 學習表現：應該是「有任務」的學習。提供學生適切的任務型態，藉由合宜的實作（規劃、探究、反思等）能力展現，傳達其學習

內容的精熟度。（第十章）

3. 教學活動：提供多樣態、多層次的學習媒材與活動，帶起學習動機，引導學習方法，啟發學生的學習經驗。

4. 評量活動：針對學習內容和學習表現所預定的學習目標，設計合宜、周延的評量工具與評量標準。（第十二章）

長久以來，「學習內容」一直是教師們最有把握的，特別是經由教師社群的共同備課過程，「學習內容」的分量甚至會過多、偏難，反而經常需要裁減。這其實是 108 課綱實施以來，一個頗為常見的問題，而可能的癥結來自於教師對於「學習表現」的設計，觀念有偏差或熟練程度不足，所以趨於疏漏，導致所有的教學時間幾乎全用來傳授學習內容，卻期待學生能以「零星」時間「自行」施展學習表現。

「學習表現」通常需要通過「表現任務」，才能夠具體操作及演練。「表現任務」主要由任務型態及能力型態所構成，且必須與學習內容相互扣合，一體設計，才足以發展為「學習重點」。

直白地說，「學習表現」得經由教導、練習、研討的過程，才可能精熟的；在精熟的過程中，教師和學生所需要花費的時間及心力，全都省減不了。而且，若要在課堂上讓學生熟練「有任務的學習」，統整學習內容與學習表現，也需要釋放足夠的時間給學生，否則他們是完成不了的。

「表現任務」由任務型態及能力型態所構成，什麼是「任務型態」呢？這可以是：填寫學習單、繪製海報、蒐集與主題相關的 3 筆資料、製作簡報、進行 10 分鐘的主題短講、辯論賽、做實驗、進行訪談、地理實察、拍攝和剪輯微電影、製作模型、設計一個 App、與國外夥伴學校

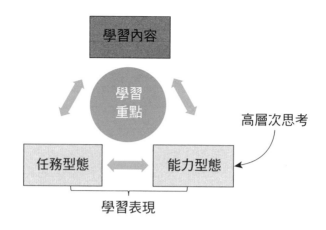

圖 5.1　高層次思考、學習表現與學習內容共同構成「學習重點」

的同學視訊、撰寫小論文等，可以是單人完成，或成為小組工作。這些任務型態，大多數教師並不陌生。（第十章）

　　什麼是「能力型態」呢？至少得包括閱讀理解、批判思考、論證寫作、溝通表達、團隊合作等，而這些基本能力均來自於「高層次思考」的展現（第三章）。「能力」是否養成或持續精進，主要透過兩方面來檢驗：一方面要能整合學習內容的概念及知識，磨練與發展「高層次思考」，另一方面則是能夠經由高層次思考，鞏固與深化學習內容的通透了解。「能力型態」的設定，自然要跟「任務型態」一併衡量，不可能分開構思。

　　此外，素養教學相當重視「實作」與「真實情境」連結，因此，若要從學習內容遷移、轉化到學習表現的施展，以及學習表現能遷移、回扣學習內容的掌握，這樣的來往互動間，尤其需要細緻的課程設計。同時，學習評量如何設計，以便能適當地評核學生的學習成果，或秉持「學習即評量」（assessment as learning）精神，透過評量標準的預先揭示，

指引學生在學習內容、學習表現上的努力方向，一樣得在課程設計時整體衡量。

　　嚴謹地說，當學生進入「實作」、「真實情境」時，將會遇到相當豐富的訊息、非常差異的過程，與書本知識、教室情境大不相同。如果教師事先沒有仔細、周延地設計與安排，極容易導致「學習內容」、「學習表現」之間的扭曲或斷裂。如果「學習評量」的設計與「實作」、「真實情境」的對應連結又出現落差，學生的學習成就將難以確認。

　　在素養教學過程中，學生得在「學習內容」、「學習表現」、「學習評量」三者的脈絡或邏輯中，順利進行學習遷移。「能否產生學習遷移」，正是素養教學最該促成的學習目標。人生有涯，十分需要學會「舉一反三」、「左右逢源」的本事。如果教師在相關課程設計時，未能提供「鷹架」，並且循序漸進，在相關教學活動中未能循循善誘，適度引導，讓學生熟悉知識、能力如何活用與轉化，他們將會「轉」不過來，進退不得。

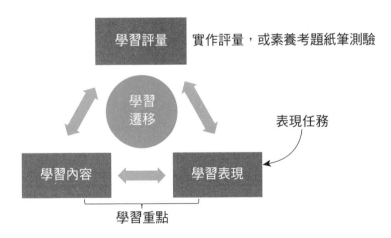

圖 5.2　學習評量、學習內容、學習表現三者是相互連動的

過往的傳統教學少有「實作」，不太理會「真實情境」，評量從書本知識來，學生所需要前進的「遷移路徑」比較單一、簡短，因此教師的教學與評量設計自然容易許多。至於學生畢業後，面對「實作」、「真實情境」的考驗，學校所教能否派上用場，似乎該請他們自求多福了。

對比「素養教學」的意涵，省思過往學習的窘境、困境，我們應該要有所改變了。

「素養教學」和「學科知識學習」有矛盾嗎？

在上述的理解下，我們就比較能夠設身處地了解及評估教學現場的景況。舉例而言，幾位教師在「彈性學習課程」安排了一個國際教育的學習單元，共同議定以「節慶」為主題，以「做英文海報」為學生的實作任務。這樣的決定可能意味著：

1. 選擇「節慶」為主題，應是教師們進行「素養教學」的課程設計時，比較駕輕就熟。
2. 「節慶」貼近生活經驗，比較容易引發學生的學習動機及興趣。
3. 學習成果以英文海報呈現，要求針對「飲食與文化」進行跨文化的理解、探究和敘事，對學生能力的挑戰屬於難易適中。
4. 學生們經由節慶、英文海報為媒介，應可達成此一單元的學習目標，通過評量。

不過，在課程結束後，教師們自評學生的最終表現是不理想的，進

而認為學生們專注於做英文海報，以致學科知識（英文、公民與社會）學習沒有進步。針對這樣的歸因，以下的思辨是：

1. 如果歸因是事實，應該是在教學進行時出了問題。當學生偏重做海報，卻忽略學科知識學習（原先預設的部定必修學習內容）時，教師並未覺察，即時做出導正。

2. 如果歸因不是事實，反映出針對學科知識學習的課程設計或教學活動安排，在轉化為素養教學時可能出了問題，「做海報」只是替罪羔羊。

3. 這個單元的總結性評量，僅回歸英文、公民與社會的學科知識，未能同時關注「國際教育──跨文化理解」、「英文海報設計與表達」，以此判斷學生在這個學習單元的學習成就，是否合理呢？

　　在這個案例中，教師們對於素養教學的「初體驗」，感受是失落的。但經過仔細分析，癥結就出在轉化為「素養教學」的課程設計上，學習

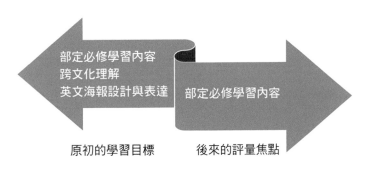

圖 5.3　同時為難教師自己與學生的「課程─評量」設計思考

內容和學習表現之間的連結太過鬆散；再者，或許是基於慣性，課程結束前所實施的評量焦點，全然遺忘原先設定的學習目標，學生在「英文、公民與社會學科知識」的表現不盡理想，加深了教師的失落感。這真的是雙重為難，教師既為難學生，也為難了自己。

實際上，有教師後來詢問了幾位學生，發現學生透過英文海報的製作，以及運用英文海報與國外學校夥伴進行交流，自覺收穫很多。他們發現，原來節慶總是與飲食、文化息息相關，飲食充滿象徵（symbol），是進行跨文化理解的好方式。

如果此單元的評量有涵蓋到學生在這一個部分的學習與成長，教師的失落感應該會減輕許多。

值得一提的是，在另外一個以「環境生態」為主題的素養教學案例中，教師們發現，學生在素養學習和實作評量中表現很好，可是回到素養題型的紙筆測驗時，成績卻有相當的落差。因此，部分教師開始質疑素養課程和教學的成效，連帶地懷疑其必要性。

我們怎麼理解這樣的落差呢？

原因很可能是，學生無法將產生於「真實情境」的素養課程與教學的學習成果，轉化（transform）到「書面」的素養考試答題上。在素養教學過程中，要讓學習評量、學習內容、學習表現三者形式（form）相互扣合，彼此形式流暢轉換，這樣的「轉化」責任，優先是在教師的課程（含評量）設計上，不應責成學生「自動好」。

因此，在一個以實作評量為考量的素養學習，若要再以「素養考題」檢核，教師必須提供學生轉換的準備與多次練習的機會。如果同一學習重點下的素養考題題型、資訊呈現形式，與先前的學習內容、學習

表現所處理和獲取的知識形式相距太遠，導致學生難以辨識、擷取、分析和組織時，那麼在「素養考題」檢核的成績自然不會太理想。

至於素養考題設計，該如何回扣素養導向的學習內容和學習表現，這正是當前學校教師，以及負責國中教育會考、大學入學考試等測驗機構的考驗。不少教師已在積極研習，熟悉新題型，熟練新的命題技巧。

可否講笑話、帶團康、放影片？

關於素養教學，還有一個課題是：教學活動的設計應該多元、活潑、好玩、有趣，引發學習動機。這樣的強調，似乎凸顯了傳統教學是單調的、無聊的。

什麼才算是多元、活潑、好玩、有趣呢？於是我們看到類如：「看影片學○○」、「玩桌遊學○○」、「玩咖啡學○○」、「逛臺北學○○」的課程名稱。即使不以此標榜，教學過程中，設法透過講笑話、帶團康、看影片等「有趣」活動來引導學習的安排，也不勝枚舉。

讓課程有趣，當然是必要的，但透過講笑話、帶團康、看影片等「有趣」活動，教師想要傳達的學習重點是什麼？

表 5.1 提供一個課程的案例，關於「看影片學○○」（第 92 頁）。如此的課程安排，先不管在教室放這些影片的版權問題，其實有一些值得推敲的議題，至少包括：

1. 6 部電影賞析的先後順序，如何回扣該主題學習的邏輯結構？
2. 教師有提供賞析電影的方法（學習方法），並檢核學生已經學會如

何賞析電影嗎？

3. 針對團隊工作、簡報，課堂討論，以及專題報告等，教師設定的評量標準與評量方法，各是什麼？

4. 教師如何讓學生了解其專題報告所呈現的學習成果，有時間進行回饋及研討？在一組 4 至 5 人的小組工作中，該如何判斷個別學生的貢獻？

此外，我曾在另一個課程的觀課中，看到教師使用桌遊來教導學生學習學科知識，以及磨練小組溝通、團隊合作、省思做決定等能力。課程設計相當好，預期應該會十分有趣，但只規劃了 2 節課進行。結果，單單只是教學生搞懂桌遊，就用掉半節課，多數學生仍一知半解。即使中間沒有下課，一路玩到底，最後離原來設計構想的完成還有一段距離，估計至少還需要 1 節課。況且，原來設計沒有認真算入教師回饋、

▎表 5.1　「看影片學○○」課程的案例

週次安排	課　程　進　度
2 週	○○主題導論，6 部電影簡介 將學生分成 6 組，交代多元評量方式
12 週	6 部電影，每部電影分配 1 週觀賞、1 週討論（每組學生各負責 1 週，進行 25 分鐘簡報，之後全班同學討論 15 分鐘，最後由老師講評）。
3-4 週 （依照上課的實際週數而定）	在課堂上撰寫 3,000 字的小組專題報告，最後一週繳交。

學生研討及省思等時間，這就還需要再加上 1 節課。

我還注意到，一套桌遊所費不貲，要讓全班一起玩，需要 4 套，學校願意買單，算是很挺教師的。但要在教室讓 4 組學生玩，空間顯然是侷促的。而玩一局需要 30-40 分鐘，原來設計就只讓學生玩一局，其實是不夠的。

我發現，許多有趣、好玩的素養教學設計，教、學的時間都需要更多。然而，「時間」是相當寶貴的資源，如果傳統的講述及練習模式，用 30 分鐘可以讓學生懂，現在以有趣好玩的方式，卻得花上至少 2 小時，這是否合理，就需要教師們的專業省思與判斷了。再者，要嘗試素養教學，難道沒有其他在時間、教具等成本都較為經濟的選擇嗎？一門課若要讓學生花上千元買材料費，或乾脆由教師、學校自行吸收，這種素養教學是否合宜？

如果「有趣」真的就是為了好玩、調劑學生心情、拉近師生關係，未嘗不可。但如何適可而止，適時地將學生的注意力拉回學習的正軌，這考驗著教師的專業功力。

當然，高明一點的做法應該是「寓教於樂」，以不同的資訊形式、活動型態（笑話、團康、影片、參觀、動手做等），在合理的時間及金錢等成本考量下，有效地傳達原來可能是單板、枯燥、不易理解的課程內容。這整個設計思考的過程，自然會比過往「單調」的教學繁複多了。為了要讓學習有趣、有收穫，這是教師得承擔的「內部成本」。

「有趣」或所謂「快樂學習」，應該只是媒介，目的是要引發「渴望」、「好奇」、「疑惑」等活躍的思考，促成「樂於學習」。「快樂學習」和「樂於學習」，其實是不一樣的，只強調「快樂學習」，卻無法促成「樂

於學習」，這是素養教學的迷思與偏誤，應該趕緊更正。

　　曾經有一位教師試圖提醒學生，要仔細注意探究方法的操作程序。她輕描淡寫地講了一個好多學生小時候曾聽過的故事「小燕子學築巢」。故事大要是：

　　烏鴉、麻雀、燕子結伴來找築巢高手喜鵲阿姨，請教築巢的方法。喜鵲看到牠們可愛又好學，很高興，親切地說：「小朋友，築巢必須專心和不怕吃苦，否則就築不好，你們能做到嗎？」

　　三隻小鳥異口同聲答應。於是，喜鵲阿姨開始演示。沒多久，喜鵲阿姨教完第一個步驟，烏鴉立刻大叫說：「我懂了」，說完，就飛走了。過了一段時間，喜鵲阿姨教完第二個步驟後，麻雀立刻大叫說：「我懂了」，說完，就飛走了。只有小燕子堅持到最後，專心地看喜鵲阿姨示範完成築巢。所以，現在小燕子築的巢，既堅固又漂亮。

　　從此以後，在「喜鵲阿姨」的課堂上，只要是學習或演練「程序性知識」（procedural knowledge）時，大家相互提醒、調侃的暗語就是「烏鴉」、「麻雀」、「燕子」。「老哏」就這樣子玩了一個學期，成為一種獨特的樂趣，大家也因此學好了探究與實作的方法，並用來完成學科知識的應用與發現。

　　以課程設計實務來看，從「素養教學」到「學科知識學習」之間未必是「水到渠成」，但這並非「素養教學」本身的問題，「教師」才是關鍵環節。經過課程與教學設計，有經驗的教師就有辦法讓學生順利地在真實情境的實作中，重新理解與活用學科知識，甚至學會跨領域的學科知識。

第六章

學生、學科及社會的 3S 系統

- ✓ 忽略或貶抑「教師」的「學生中心」，其實是一種極端、不切實際的主張。

- ✓ 欠缺足夠的事實性知識，學生難以發展概念性理解、批判性思考。

- ✓ 教師若只專注於事實性知識的教導，難以期待學生能自行完成概念性理解、批判性思考。

- ✓ 教師專業，是在「社會」、「學科」與「學生」三面向的整合中進行實踐的。

多年來，宣揚「學生中心」一直穩穩占住教育改革的政治正確性。或許是因為「灌輸」、「填鴨式教學」為人痛惡，造成「學生中心」沛然莫之能禦的態勢。在這樣的態勢中，「教師中心」淪為一種可疑的，乃至可憎的窠臼，欲去之而後快。十二年國教強調「素養教學」，首要核心素養即是「自發」──學生自主行動，顯然，「學生中心」仍是關鍵。

不過，在教育現場中設身處地體會，我們應該讓「學生中心」獨尊嗎？這需要被視為一個攸關課程設計的「議題」，而非「前提」，進而展開思辨。

「學生中心」激進意涵之商榷

「學生中心」是一個經常被宣稱、倡議的概念，乃至成為教育改革行動的綱領理念。然而，「學生中心」並非嶄新概念，至少從眾人言必稱的「杜威學說」算起，已經歷了一世紀之久。

大約從 1920 年代起，當代中國積極引進杜威思想，一開始就充滿工具導向或功利心態，妄求馬上革除積弊、爭取速效，因此囫圇吞棗，望文生義，產生許多誤解或謠傳。當時的教育界，改革者以「進步主義」宣稱而引用杜威思想，所導致的最麻煩問題是將「學生中心」和「教師中心」對立，或將「學生經驗」和「學科知識」對立，且以對錯，乃至善惡來區別兩邊陣營，這真是無謂的操弄，徒生爭議。

試想，如果「學生中心」才是真理，為何一個世紀過去了，從 1920 年代中國大陸直到 1950 年代之後臺灣的教育界，「學生中心」一直「前仆後繼」，卻始終無法取代「教師中心」，而學科知識的價值仍持續受到

肯定，乃至占居首要地位？「學生中心」遲遲難以落實的困境，是因為「教師中心」或「學科知識」的保守勢力太過強大？還是一開始所製造出來的二分法，才是癥結所在？

事實上，所謂「教師不應該主動教學生，而應該等待學生自己的好奇、困惑產生，才能就此展開教學行動」，或者「教師應該鼓勵學生提出問題，並進行具有創意的、批判的思考，不應該主動教授一堆知識內容」等說法，真是令人感到好奇、困惑。試問，在教師不教導或不主動教導的情況下，學生的自主學習行動、創意或批判性思考、解決問題的能力，將如何發展出來？甚至退而求其次，學生如何能夠自行掌握、精熟基礎性的事實知識（或學科知識），進而加以應用？

此外，在人的一生中，是否需要，或者可能，事事都經由「親身經驗」來進行學習？或許這樣的學習效果可以很深刻，但成本會有多高、代價會有多大？若以兒童、青少年階段全部的學習活動來衡量，「親身經驗」應該占有多少比例呢？儘量接近 100%，或是至少超過 50%？為達成目標，我們準備在此投下多少資源？

另一方面，主張「學生中心」論點者，通常熱衷於建構主義，由學生自行認知、發現與建構知識。此一理論認為，知識是無法轉移或不可傳授的，因此，知識不應該是由教師以講授的方式轉移給學生，教師的作用是儘量避免提供改正式的干預，僅能在學生求知的過程中給予支持，而由學生個人自行探索，以便獲得知識。

按照建構主義的觀點，知識並不具有社會性，而只是個人性。這明顯悖離人類文明發展、一代代累積創造的事實。再者，教導事實性知識（factual knowledge），為何勢必與概念性理解、批判性思考、創造性活動

產生衝突？為何教導事實性知識，就等同於不尊重學生的權利、標榜權威、鼓吹盲目的紀律？

建構主義深富自由主義精神，質疑由教師或大人所決定的知識隱含著權威、偏見、意識型態、霸權，所以必須解放，藉此落實政治性平等。然而，當落實於社會情境中，我們很快就會發現，一旦在教育上奉行建構主義，文化資本、社會資本、經濟資本貧乏的眾多學生注定是最大輸家。建構主義之下，社會性不平等卻是提升了。

如果細細分析「學生中心」論這些比較激進的倡議，可以發現，他們相當重視學生的主體性，認為學生應該具有主動而獨立探索求知、批判性思考的能力，進而貢獻於民主的實踐。不過，在主張「教師中心」或注重「學科知識」傳授的陣營裡，這些教育理念或學習目標，其實一樣是備受肯定，且願意戮力以赴的。

最後，可以反思「事實性知識」和「概念性理解」、「批判性思考」之間的關係。我們確實有可能知道許多事實性知識，卻未能加以理解或批判。譬如，能正確地背誦「塑膠」的種類，以及列出對環境的危害，卻無法了解塑膠的化學成分如何不利於環境，也不知如何批判政府或企業在「減塑」上的作為；能正確地說出公民的權利，但對於日常生活中如何履行公民權利，毫無概念，也未能倡議或實踐。不過，有沒有可能在不具備事實性知識的基礎上，即可進行概念性理解、批判性思考？這顯然不能。如果不具備事實性知識，難以理解任何事情，自然也無從進行批判。

更有趣的是，到底是先有事實性知識，才產生理解，還是先有事前的一些理解，才開始檢視某些特定的事實性知識？例如：

大約六十年前，塑膠袋的發明是為了遏止砍伐森林，原先塑膠袋是設計來重複使用的，現在卻淪為一次性消費用品。但是，以棉布或不織布編織的環保袋，做為解決塑膠袋濫用的對策，卻又造成另一場環境的浩劫，因為在製作過程中，耗用更多的資源。根據英國的研究，棉質環保袋若不能使用 131 次以上，對於環境的傷害甚至高於一次性使用的塑膠袋。

這一段事實性知識的呈現，顯然是因為晚近環境意識的發展，才受到矚目、探究與強調。

實際上，事實性知識和概念性理解、批判性思考的關係，應該是密不可分的。「理解」也可能成為一種「前見」，引導我們取捨與組織事實性知識；而具有足夠的事實性知識，才能使概念性理解得以形成，進而能夠展開批判性思考。

「學生中心」溫和意涵之關注

如果倡議「學生中心」不是要替代「教師中心」，而是提醒及改善專注於「教師中心」的弊病、局限，這樣的意義就值得關注了。

特別要提出來討論的是，長期以來，網路上一直流傳著「學習金字塔」（learning pyramid），大概的意思是將聽講、閱讀、看圖片、看電影、看展覽、看示範等，視為被動學習，而參與討論、實作、應用知識教導他人等，則視為主動學習，由此排列出一個從 10% 到 90% 的高低「學習效果」序階。

當然，這又是一個網路謠傳加上誤解所產生的訊息，最麻煩的是把

「記憶」等同於「學習效果」，以及忽略「學習動機」的作用。試想，聽講或閱讀一定是被動的學習嗎？而進行小組討論、實作練習，一定是主動的學習嗎？都不一定。顯然，「學習動機」才是判定的關鍵。

在「學習金字塔」的訊息中，唯一比較值得參考的是，我們應該設法創造多樣態的學習活動，提供多元媒材或「混合文本」，增加師生互動或同學互動等溝通表達的機會，以及團隊工作、實地探索、模擬演練或實作的學習經驗，而不是一味地「老師講、學生聽」。

如此一來，才可能加強學生在學習活動中主動參與、自主學習的程度，進而練習與發展理解、應用、分析、統整、論證、評鑑、創造、設身處地（同理心）等高層次思考。

不過，應再次強調的是，以上學習活動得以形成，有一個重要前提是：學生在豐富多元的資訊及活動樣態中進行主動學習、發展概念性理解及批判性思考時，其所需要運用的事實性知識，必須是學生已能掌握的。妨礙概念性理解及批判性思考，並非事實性知識，反而是欠缺足夠的事實性知識，這才形成障礙。換言之，唯有在足夠的、特定的事實性知識中，才可能就該特定的學習主題或學科領域，確認論點的適切性和證據的效力，進而發揮充分的概念性理解及批判性思考；否則，相關的運思表現將大打折扣或一籌莫展。因此，關於課程設計或者教學安排的思量，焦點就會轉變成：

1. 教師如何運用多元的資訊及活動，並在增加互動和練習的歷程中，促成學生更有效地認知事實性知識，進而引導他們以此為基礎，向上躍遷，展開概念性理解和批判性思考，以及後續的探究

圖 6.1　課程與教學應促成事實性知識和概念性理解、批判性思考的交互作用

與實作學習。

2. 教師應理解「釋出部分課堂時間給學生」的必要性，實踐「Less is more.」理念，相信唯有啟發學生的主動學習，支持探究與實作的練習，他們才可能發展概念性理解、批判性思考，進而反思、發現事實性知識的結構性和系統性，甚至能夠逐漸掌握深層的理論知識。否則，教師僅一味地塞給學生一大堆事實性知識，結果必是事倍功半。

課程設計應是「3S 多核心系統」的建構

經過以上的思辨及探討，教師的課程設計及連動的教學實施，應該兼顧「學生」（student）和「學科」（subject），而不是非此即彼的零和選擇。

但「學生」和「學科」之外，其實還有「社會」（society），或說是真實情境，也應該予以關注。社會的真實情境，包含從本土（local）到全球（global），刻正經歷前所未有的互動與變遷。疫情、氣候變遷、資通訊

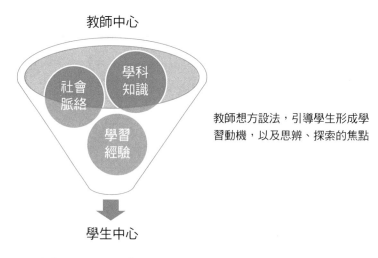

圖6.2　由「教師中心」向「學生中心」的調整

系統、自動化、民主治理、人權、金融秩序、區域衝突或戰爭等，都正在真實地牽動著所有的思考決策、資源運用與知識研發。去脈絡化地窩在狹隘的日常經驗裡、單薄的書面知識中，空想「學生」和「學科」，已經是不切實際的「閉門造車」。

借用「多核心系統」的意象，課程設計應該是兼顧及衡量「學生」、「學科」、「社會」的 3S 系統。這意味著，教師的課程設計一開始即應兼顧處理「學生」、「學科」、「社會」這三個獨立實體，這樣的衡量及評估正好可以顯現教師的專業能力，以及當代深富挑戰性的任務。

常聽人說：「教師的工作十分神聖」，也有不少人說：「教育是良心的事業」。類似說法，自然非常肯定教師專業，但似乎都太形而上了，讓教師不禁飄飄然。

實際上，認真、優秀的教師既是儒家，更是墨家。尤其身處「108 課

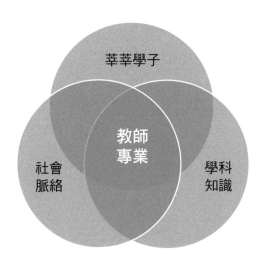

圖6.3　教師專業是在「社會」、「學科」與「學生」三面向整合中實踐的

綱」揭櫫的素養時代，躬逢其盛，或是真切面對當今世界知識及科技的快速變遷，許多教師在教育崗位上，幾乎席不暇暖，乃至摩頂放踵，卻始終是恆毅進取、任重道遠。

　　這是因為教師及其課程設計，正好居於三方輻輳的樞紐位置。一方是洋溢青春活力、正在成長茁壯的莘莘學子；一方是蘊藏人類文明與智慧的知識傳統；一方是充滿機遇與風險、本土與全球脈絡交織的當代社會。教師擁有能力，可以從知識傳統中汲取智慧的養分，可以貼切地為學生營造一個充滿動力的學習環境，也能夠洞察社會脈絡，將知識轉化為富有挑戰性的議題，引領學生學習運用高層次思考，展開探索、實作、思辨與分享，進而在反思或後設分析中，深化知識、拓展視野，更加認識自己。

　　學生經由如此歷程內化及活用高層次思考，累積脈絡化思辨與實

踐、創造的經驗，這正是「3S 多核心系統」運作的目標。學生是學習的主體，教師的專業則盡力協助這個主體與文明、社會產生深廣的互動，學生因而得以獲得更為豐富或更為獨特的開展。這是學生中心的目標，也是教師中心的目標。

第七章

因材施教，
才能成就有教無類

✓ 「基本學力」不是國英數，而是
  涵蓋文理基礎知識、超越學科能
  力、非認知能力的總成。

✓ 所有學生都應該具備基本學力，
  並整合各自的優勢智能，達成各
  自的卓越，這才是「平等」。

✓ 學校教師專業社群就能創造一個
  更接地氣、更強大的教育系統，
  支持所有的學生適性揚才。

「因材施教」與「有教無類」原是教育的兩大原則，但在臺灣，因為升學主義的惡質影響，兩大原則被化約為「能力分班」vs.「常態編班」，竟然變成相互衝突的境況。「常態編班」成為王道，大家學一樣的教材、一樣的進度，但學生之間學習能力的實質差異，以及學習成就的明顯差距，遂被常態性地忽略。加上班級人數多，教師難以一一關照，所謂「教室裡的客人」成為「常態編班」下的犧牲者。

這真是意想不到、令人痛心的發展！現在，我們應該暫時放下「能力分班」vs.「常態編班」的二分對立，重新思考「因材施教」與「有教無類」的豐富議題。

專重「差異」或追求「平等」？

回顧 1994 年以來，教改運動的風起雲湧一波未平、一波又起，但追求「平等」始終是最顯赫的教育價值與政治目標，「常態編班」就是運動下的產物。另一方面，近年來尊重「差異」或「多元」的呼籲，益受重視，逐漸能和「平等」並駕齊驅。然而，「差異」與「平等」之間其實潛藏著一種緊張關係，若未能清晰梳理，容易產生扞格。

此一尊重「差異」的風潮，有著多方向的發展。例如，另類教育或實驗教育是一個方向，高中職社區化或繁星計畫，走的是另一個方向。

值得注意的是，另類教育或實驗教育致力於課程與教學改革，早就開始重視「高層次思考」，強調「探究與實作」。而高中職社區化或繁星計畫，則著眼於教育資源的挹注，以及升學機會的擴充，試圖拉近與指標性高中「升學表現」的落差。兩者大異其趣。

由於另類教育或實驗教育的對比，加上在全球化下國際競合情勢的參照，108課綱開始效法，引導「非實驗教育」的一般中小學重視「高層次思考」，強調「探究與實作」。然而，這樣的學習目標所需的資源將比以前多，而學習機會的提供，得奠基於更高的文化資本和社會資本。學校（特別是公立學校）若無法克服越來越大的「資源／機會鴻溝」，設法讓「教室裡的客人」成為「學習的主人」，而竟坐視學生各自的家庭社經背景產生更絕對的影響，追求「平等」的理想將越來越成虛幻。

我們該如何在「差異」與「平等」之間衡量，好讓「高層次思考」與「探究與實作」的學習成為所有學生的可能呢？是否存在著一條兼顧「差異」與「平等」的學習進路呢？

芬蘭的教改與莊子的智慧

大約10年前，因緣際會，我開始關注芬蘭的教育改革。2012年底，商周出版社發行帕思・薩爾博格（Pasi Sahlberg）所著的《芬蘭教育這樣改！》請我書寫一篇推薦序。這個先睹為快的機會，讓我更深入了解芬蘭教改成功的原因，總結為〈不齊而齊，才是教改之道〉一文。

當時，我最深刻的印象是，芬蘭和臺灣一樣，都強調「珍視每一個孩子」、「一個孩子都不能少」。不過，目標雖然一致，雙方的實踐方式卻大不相同。若以簡要的對照來說，臺灣強調的是「平等／公平」，而芬蘭重視的是「差異／多元」。

薩爾博格是芬蘭教改的核心領導人物，他在書中一再說明芬蘭教育經驗相信三個悖論：教得少、學得多；考試少、學得多；越多元、越

平等。光是這三個悖論，臺灣便難以仿效。過去幾年來，臺灣的學者專家、政府官員、校長和教師絡繹不絕，遠赴芬蘭參訪，出國報告、專書出版不輟，但這三個關鍵的「悖論」，似乎一直參不透、學不來。問題就出在，我們的平等觀與芬蘭大不相同。

當時我運用得自於《莊子》的啟示，在〈不齊而齊，才是教改之道〉一文中指出：

芬蘭所看待的差異，是基於多元化所體察的，而處理差異的態度或目標，仍在回應多元化。芬蘭願意投入大量資源落實差異化的理想，尊重孩子的天性稟賦，盡力建構周延的教育與心理服務，並且希望盡早發現孩子的學習困難及其社會、行為問題，妥適提供量身打造的專業協助。在一個基本的芬蘭教室中，老師會依據學生不同的能力、興趣與族群特質授課，另有助教協助相關教學事宜。芬蘭學校認為，每個孩子都是第一名，適性揚才方能讓每個孩子在探索實作、分享交流中都有機會達到卓越。這是以一種「超越」的視野平等對待差異，我們可以稱之為「不齊而齊」。

至於臺灣，多數時候是基於標準化的檢驗來確認差異，而處理差異的態度或目標，其實仍要回歸標準化，以績效達標來確認教和學的成果。我們雖然也宣稱追求適性揚才，但心中想的差異，其實是對立的，甚至偏執的，有價值高低的判定，因此多數時候我們關於差異化的努力，幾乎都是企圖「取消」差異。這樣的行動，可以稱之為「齊其不齊」。

這使得我更加相信，想要實踐平等，應該更周延地思辨「差異」。

一方面，任何影響「基本學力」獲取的障礙，或是必要資源、機會的落差，都必須設法消除；另一方面，屬於性向、興趣，或文化特質、學習模式、能力型態的不同，則應以超越的視野平等對待。在此理想下，「適性揚才」正是於尊重差異的同時，實現了真平等。

於是，「因材施教」確實才能夠成就「有教無類」。

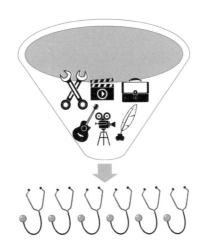

圖 7.1　「齊而不齊」，依照一個卓越的標準，設法公平地讓每個人整齊如一

圖 7.2　「不齊而齊」，設法讓每一個人都具備基本學力，
但發揮各自的優勢，達到各自的卓越

釋放學習空間，才有機會「因材施教」

　　這些年來，我們陸續讀到許多批判「標準化測驗」或「統一考試」，尊重「差異」及「天賦」，肯定「非認知能力」（自律、熱忱、好奇心、恆毅力、挫折忍受力等）價值、強調「基本學力」，尤其是閱讀理解、批判思考、問題解決、創意思考、團隊合作等「超越學科／跨越學科」能力的教育建言。較早期的，例如凱尼斯‧威爾森（Kenneth G. Wilson）著《全是贏家的學校》，近期則有杰‧馬修（Jay Mathews）的《讓每個孩

圖 7.3　每個人都具有多元智能，但多寡強弱組合各不同

子都發光》、保羅・塔夫（Paul Tough）所寫的《幫助每一個孩子成功》，或者肯・羅賓森（Ken Robinson）及盧・亞若尼卡（Lou Aronica）合著的《讓天賦自由》、《讓天賦發光》等。

當然，我們更會記得霍華・加德納（Howard Gardner）著《7種IQ》，以及《多元智能》、《創造心靈》一系列相關書籍，在臺灣所帶起的「心智解構」風潮，使大家深刻了解原來人類的天賦有如此豐富多樣的精采，進而回首思辨獨尊「語文」、「邏輯數學」兩種智能的利弊得失時，那種豁然開朗的強烈領悟。身為教師，自然而然開始以全新眼光來看待學生，並盡可能地調整原來制式的課程、教學與評量。

長久以來，在大班級常態編班、標準化測驗、統一的教材和考試、反覆學習與練習解題的窠臼中，臺灣大約200萬名中小學生，平均有10%基本學力付之闕如；換言之，大約有20萬名中小學生的未來人生其實是「等待失敗」！此外，臺灣學生高成就、低成就基本學力表現的差距，懸殊逐漸加劇，在國際評比中「名列前茅」，且高居東亞各教育體系中的第一。這些數據，能不令人觸目驚心嗎？

自2006年起，臺灣參與PISA（Programme for International Student Assessment，國際學生能力評量計畫）國際評比，其實早已經發現學生基本學力落差的現象，教育部很快地開始針對每班後段35%的學生，長年推動「補救教學」，相當用心。不過，十幾年下來，落差卻是不減反增。問題出在哪裡呢？

PISA評量的學科知識一概屬於基礎的內容，但其評量卻不限學科知識本身。更重要的是，如何將這些基礎的學科知識予以「概念化的理解」，提取關鍵資訊和知識，掌握推理、論證過程，並將之運用到相關情

境或知識領域中。換言之，「學習遷移」或「跨領域思考及運用」更是評量的重點。這麼說來，我們把學生留下來「補救」，讓學生反覆學習在正課中一直沒搞懂的知識內容，其實未必有助於基礎知識的掌握，且難以提升基本學力。

結果是，在臺灣學生歷次 PISA 國際評比中，高學習成就學生的占比逐漸上升，而且成績表現越來越好的同時，低學習成就學生占比並未減少，且成績未見起色，落差不減反增。

另一方面，根據中央研究院歐美研究所研究員黃敏雄的發現，全臺灣學習成就最落後的學生，其實只有 25% 來自「偏遠地區」，其餘主要來自都市中貧富差距較大的社區，以及「不山不市」的城鎮。這麼說來，我們將注意力和資源高度投往「偏遠地區」，是必要的，卻是不夠周延。

我們未必要完全相信 PISA 的國際評比，但其中所呈現的資訊值得反思。如果參考《芬蘭教育這樣改！》這本書的修訂版，就會發現，芬蘭雖然在過往的 PISA 表現不俗，但芬蘭的教育實施或教育改革，卻不是根據 PISA 來擘畫。沒有針對評比做準備，為何表現仍然不俗呢？我在〈不齊而齊，才是教改之道〉這篇文章的歸納是：

臺灣教得多、考得多，原因在於我們相信有一套正確、完整的標準必須符應，結果，多數孩子囫圇吞棗、難以消化；芬蘭教得少、考得少，因為他們相信必須釋放出空間，才能讓老師和學生進行合宜的教學活動，結果，多數孩子有機會依照自己的興趣及性向進行探索、統整與反思，學得較多，而且更為深入。

如果要從「不迎合國際評比，卻在 PISA 評比脫穎而出」的芬蘭經驗

中發覺什麼樣的精采故事，我的領悟是：直接回到以知識與情感交流的教學環境，讓每個老師及學生都可以盡其所能，專注、熱忱地參與其中。

芬蘭的故事並不新奇，他們所做的，多數教育學課本早已提及。學習芬蘭，只是回歸教育的本質與本務而已。

如果真的想要扶助學習弱勢、低學習成就的學生，策略不是把教學時間拉得更長、增加重複學習的次數，而是放下適足以害之的「公平」迷思。針對這些學生，先停止統一的學習進度和考試，仔細診斷他們學習困難的原因，對症下藥，更重要的是，分析每一位學生的學習特質與多元智能的優勢所在。此外，我們更應該反思及批判目前「基本學力」的界定與操作是否合理。

停止統一的學習進度和考試，即是「釋放學習空間」，再加上重新診斷及評估，就能啟動「因材施教」。前文曾經提到，諸多書籍所論述的教育建言，以及檢視 PISA 所關心的學習表現，我們就該明瞭，針對「基本學力」的界定，以及如何讓每一位學生掌握基本學力而言，整個課程設計與教學方法，都必須重新規劃。

事實上，不只是學習弱勢、低學習成就的學生，針對所有學生，我們都應該適度地釋放學習空間，聚焦於打造「基本學力」，讓每一位學生都能適性揚才：

1. 釋放學習空間和必要的時間，不是教師想要怠惰，而是在「有任務的學習」中，讓學生主動學習，教師則是陪伴、鼓勵，提供量身打造、即時的引導或建議。教師一身的本事，應該這樣子發

揮，而不是口沫橫飛、筋疲力竭地趕課，這實在太可惜，也太可憐了！

2. 「學科能力」指的是以語文、數理基礎知識為主的認知學習，這是所有學生都應該學會的。但何謂「基礎知識」呢？這一直是個爭論不休的問題。一個重新思辨的方式是：「以接近 100% 時間，由教師講述重點，教導學生熟練正確的解題方法」，或者「釋放 40%-50% 時間，在教師的引導下，由學生運用所學進行探索解決問題的方法」，兩者涉及的「基礎知識」在質、量的設定上，將有何不同？

3. 加深加廣學習大量的知識，並且一題又一題地反覆演練，根本無助於基本學力的建構。如果釋放 40%-50% 時間，提供一個問題情境，讓學生思考、小組討論、查閱相關資料，爭論不同的解答或解題方法等，才能促成深度學習。苦思不解，指的不是給學生很難的題目，讓他們學會最正確的答案，而是鼓勵他們運用熟悉的知識，想方設法理解新的學習內容，或解決新的問題。學習的進步，不是用教師的教學進度，而是依學生的深度學習來衡量的。長此以往，學生自然能夠掌握基本而關鍵的知識，學得多、學得好。

4. 學生習得「非認知能力」，主要不是來自於教師的「言教」，而是「身教」。教師喜愛思考與探索的親身示範，營造知識與情感交流的環境，對於學生的平等關懷、適時地陪伴和鼓勵，以及針對學習紀律的明確要求等，都是學生獲取「非認知能力」的關鍵。

5. 「超越（或跨越）學科能力」指的就是涵蓋「高層次思考」、「學

習如何學習」一系列的基本能力。這正是「素養教學」著眼之所在（第二章、第三章、第五章）。在釋放學習空間之後，教師才有可能引導學生進行「超越（或跨越）學科能力」的學習活動。

6. 「非認知能力」及「超越（或跨越）學科能力」的學習過程與成果，將可以和以語文、數理知識為基礎的「學科能力」產生良性循環；唯有在思辨、遷移運用、實作、反思之中，針對學科知識的理解才能進一步獲得釐清、鞏固、內化。PISA 國際評比所關注的學習能力就在此。而我們應當提供給所有學生的，正是這種「基本學力」。

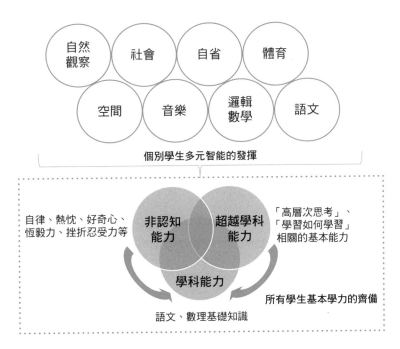

圖 7.4　重新思辨後的課程設計與教學安排

7. 除了奠定學生的「基本學力」之外，每一位學生就依照其多元智能的優勢及強項，各自延伸發展，深度學習，讓天賦發光。不同學生之間，其實不存在評比、競爭的緊張關係。

總而言之，這正是「教得少、學得多；考試少、學得多；越多元、越平等」的體現。

全是贏家的學校

目前許多學科的學習，普遍存在嚴重的「雙峰現象」。設法改善的方式，不是為落後的學生安排更多時間的學習。家長送孩子去補習班，或政府提供他們補救教學，這種「再補一次」的模式，效果其實有限。

「學習次數」從來都不是唯一的考量，一位七年級學生沒學好數學，很可能是在五年級時已經出問題，從此一路落後。所以，教師重複教七年級的內容，學生再怎麼樣努力，也學不來。但為何要一直教白天沒學會的內容呢？原因很簡單，因為數學課的教學進度不能停下來，更因為定期考，所有學生的考卷都一樣，評分標準也必須一樣。結果，那一份定期考試卷的成績，公平地判定這幾位早晚都認分用功、教師多教好幾遍的學生，還是「不及格」。那就繼續補救吧！

在此，我們看到捍衛所謂「平等」原則的迷思與執念。

確實，教師應該平等關懷所有的學生，尊重與維護每一位學生接受教育的基本權益。但我們該做的，應是改弦易轍、大刀闊斧更新學習扶助的方式。

身為教師，我們應該設法接引學生的學習經驗和先備知識，從最基礎、最簡單的學科知識開始做，同步增強學生的「非認知能力」及「超越學科能力」，這將能啟動良性循環，厚植「基本學力」。

　　在這樣的學習歷程中，教師儘量提供真實的問題情境，引導和支持學生運用「已知」，展開具有「問題意識」的探究與實作行動，使他們得以發展「概念性理解」和「批判性思考」，進而反思及發現知識的結構性、系統性。透過師生的交流互動，才能真正加深加廣學生的學習。

　　這樣的改弦易轍，由政府帶頭做，涉及的因素過於複雜，恐怕曠日費時。其實，每一位教師就能整合「學生」、「學科」、「社會」三要素，形成一個在地的、獨立的教育系統（第六章），而志同道合的教師們所組成的專業社群，將能創造出一個更接地氣、更強大的教育系統，為所有的學生打造「基本學力」。

　　在這樣的教育系統中，我們可以透過學校與在地的資源互動，找到獨特的在地優勢，並且從中連結社會，走向國際，進而促成學校成為大世界的交會點，這就有可能為學生的深度學習及多元智能實踐，帶來草根性的突破或改變（第一章）。

　　如此一來，教師將能為自己、為學生們，創造出全是贏家的學校。

3

第三單元

教出未來人才──
教師對課程、評量的新認知

第八章

高層次思考時代
早已來臨

✓ 透過國際比較，可以發現各
國早就在推動探索式、實踐
性，足以增進高層次思考的
課程方案。

✓ 自 108 課綱起，臺灣開始急
起直追，「高層次思考」逐漸
成為學習與評量的日常。

✓ 從「教知識」到「教知識和思
考」，是新課綱課程與教學重
點的轉移方向。

「先學會知識，才有辦法開始思考與探究吧！」這是不少人一直主張的論調，不無道理，但應該追問的是：到底要記住「多少」知識、「什麼」知識，才能夠開始思考與探究？

　　我們實在很難想像，不動腦筋思考，如何學習？而只是「記住」知識，不做思考，或運用來進行探究，這到底是什麼樣的學習模式？又是立基於何種教育理論、智慧？

　　對於多數的中小學生而言，「做中學」、「學思並行」，應該才是比較適切的學習方式。孔子早就做了以下著名的分析：「學而不思則罔，思而不學則殆」（《論語》為政第二）。一個人只是學習而不思考，往往不知道自己在學什麼，即使有人學得好，也經常不懂得如何運用所學來解決問題；反之，一個人若只是思考而不學習，想法容易空泛貧乏，但卻可能自以為是，信口雌黃。

　　一個理想的學習過程，必須要有思考，否則容易流於人云亦云，欠缺主見。所謂「學問」，當然是從學中問，從問中學。一旦提問了，就啟動了思考，尋思概念之間的關聯，設法知其然且知其所以然，進而可以批判、彙整前人的知識和經驗加以內化，從已知的資訊推導出進一步的探究或發現。

　　思考與探究，從來都可以增進知識的學習，乃至啟動深度學習。如果還在堅持要先有知識，才能思考與探究，不僅忽略了學習的本質，也罔顧「高層次思考」時代早就來臨的事實。

　　2018 年，我和教學團隊夥伴正合力撰寫《中學專題研究實作指南》。當時曾經下過一番功夫，了解國際社會透過各種教育方案，培養中小學生思考與探究能力的實況。

結果令人震撼。

著重高層次思考，已是國際趨勢

舉個例子來說吧！在臺灣「新南向政策」中，印度名列其中，但臺灣的學生普遍對印度不了解，乃至存在許多偏見和歧視。這樣的刻板印象，自然大有問題。印度確實存在非常大的貧富及城鄉差距，但與臺灣的學生進行國際交流時，印度許多中小學在國際視野、探究與實作、實踐行動的表現，經常令人刮目相看。

臺灣中小學頗為熟悉的「探究式設計思考」（Design For Change, DFC），印度正是起源地。而在跨領域國際教育相關課程的推動方面，印度甚至比臺灣更加廣泛參與美國彭博慈善基金會的「全球學者網路教育課程」（Global Scholars Program）、英國文化協會的「國際學校獎認證」（International School Award, ISA），以及聯合國永續發展目標的課程平台The World's Largest Lessons（worldslargestlesson.globalgoals.org）。

美國彭博慈善基金會是一個民間基金會，其所推動免費的國際化、探索式、實踐性課程方案「全球學者網路教育課程」，是一個針對全世界各大城市 10 至 13 歲的學生而規劃的線上課程。每學年設計特定主題，透過網路平台連結，提供參與的學生與國際學伴互動、交流的機會，以培養年輕學子的全球公民素養（相關資訊請參見官網 www.globalcities.org）。

這樣的全球性國際教育課程具備了什麼樣的元素？下表是 2021-2022年主題課程「糧食、城市及我們的未來」（Food, Cities, and Our Future），著重了解本地及全球糧食供應系統。學生將針對改進糧食安全及降低氣

候變遷等全球議題，進行探索、反思與行動。相關課程概要說明請見右頁表8.1。

　　彭博慈善基金會透過方案計畫希望促進的學生學習表現，區分為知識、能力、態度、行為四面向，聚焦於欣賞多樣性（appreciation for diversity）、文化理解（cultural understanding）、全球知識（global knowledge）、全球參與（global engagement）四大指標。

　　此外，英國文化協會的「國際學校獎認證」，也是涵蓋眾多國家的大型國際教育計畫，此計畫主要是支持學校推動國際學習，引導學生進行跨文化理解，關心人類社會重大議題或普世價值實踐。

　　類似創辦理想與為學習所設定的目標，還有 IB 機構（International Baccalaureate Organization），其所界定的學習者圖像（learners' profile），旨在培養學生成為「具備全球與在地思維，知識豐富，熱愛探索、熱情奉獻、律己達人，能與他人協力共同守護地球，創建更美好未來」的終身學習者。

　　基本上，上述這些跨國教育機構都相當重視多元文化、國際合作，在學生基本能力的設定上，則不約而同地強調：

1. 評估和建構論證的能力。
2. 創新思維及解決問題的能力。
3. 溝通與表達的能力。
4. 團隊合作的能力。
5. 省思和做決定的能力。

▌表 8.1　2021-2022 年 全球學者網路教育課程概要

授課期間	全球學者網路教育課程概要說明
2021 年 9 月 | 2021 年 10 月	**第一單元：彭博計畫入門** 學生了解網路教室平台使用方式，並開始培養全球與數位公民技能。學生將進行第一次討論區貼文，並回覆其他國際同儕，雙方交換想法及進行人際交流。學生會製作影片來介紹自己的學校、城市，以及做為 Global Scholars 的意義。
2021 年 11 月 | 2021 年 12 月	**第二單元：我的食物環境** 學生探索本地食物環境中，食物與文化的關係。探討文化、營養、成本及地理環境，如何影響一般人的飲食。學生評估取得健康、本土食物的難易度，並創造一份社區的食物環境指南，提出更容易取得健康食物的建議。
2022 年 1 月 | 2022 年 2 月	**第三單元：糧食安全城市** 學生調查，城市如何才能打造永續的糧食系統。他們學習提供糧食的城市系統，該如何才能減少浪費，並探討改善糧食安全的永續方法。學生還需研究城市領導人在本地糧食系統裡，採取何種行動以達成公平。學生需寫出一則新聞報導，呈現調查的結果。
2022 年 3 月 | 2022 年 4 月	**第四單元：健康的食物、健康的地球** 學生分析，全球糧食生產及氣候變遷之間的關係。研究不同方法種植、製造及分配糧食，對於人類和環境的影響；討論全球糧食系統的公平性。透過調查，找出自己社區的糧食安全問題，並建議在地解決方案。
2022 年 4 月 | 2022 年 5 月	**第五單元：社區行動方案** 學生以班級為單位，設計、執行、記錄社區行動計畫，以改善自己城市的糧食安全問題。他們和世界其他城市同儕互助合作，創造在地化的解決之道。例如，可開始在學校做堆肥以減少浪費食物，或制定糧食重分配計畫以增加接觸營養食物的機會，還可以創作使用當地食材的食譜，發起零浪費烹飪挑戰，或腦力激盪出新的解決之道。

資料來源：www.globalcities.org/curricula

至於臺灣非常熟悉、由經濟合作暨發展組織（OECD）推行的PISA，則是一個大型國際測驗，目標在於比較世界各地教育程度、發展教育方法與促進學習成果。

　　PISA 主要測驗數學、科學和閱讀能力，關注的不是學生在學科知識的學習成就，而是在多樣不同的情境中，能夠靈活運用學校所學（例如概念、程序、事實、工具等），整合相關資訊來描述和理解問題、分析和解釋問題、評估或解決問題；換言之，強調的不是現在有或沒有的特性，而是能夠終身發展的特性。這種連結真實情境、關切終身學習的能力表現，即是臺灣實施十二年國教所宣揚的「素養」。

　　在個別國家方面，例如芬蘭，關心的是學生「學習如何學習的能力」（Learning–to-learn Skills），以及如何善用所學知識處理現實生活挑戰，而不只是精通課程內容即可。尤其自 2016 年起，芬蘭推動跨學科領域課程統整的「以現象為本」主題式探究學習計畫，旨在培養學生面臨實際生活的現象或困境時，能夠熟練地以整體格局來思考。透過 PBL 計畫，芬蘭希望學校能讓「世界」變得更生動、更重要，引導與支持學生練習探究與實作能力、閱讀與溝通技巧，並增進跨文化理解相關知識，以提高學生的自我認知、學習自主性和學習動機。

　　加拿大的卑詩省自 2018 年起，全面推動中小學生的基本學力檢定。以高中畢業生的學力檢測為例，評量類別分為「數學」（Provincial Graduation Numeracy Assessment, GNA），以及「閱讀素養」（Provincial Graduation Literacy Assessment, GLA）兩個面向，旨在評量學生能運用課堂中所學習的知識，在呈現真實情境的試題中展現溝通表達、推理論證、創造性思考和批判性思考，並能言之有物、言之有理、言之有據地

關心在地、國際的科技、
生態或社會關懷

閱讀理解
批判思考

論證寫作

蒐集資料　團隊工作　　溝通表達　慎思行動

歷事練心、省察自我

資料來源:《中學專題研究實作指南》,頁 16。

圖 8.1　當代學生應該具備的核心能力與視野

表達針對相關主題的個人見解與省思。

　　新加坡則是設計了「專題作品」(Project Work, PW),這是所有高中生必修的課程,並且是參加大學入學考試 (A level) 之前一定要完成的課程,其學習成績列入大學入學要求的一部分。「專題作品」課程要求學生組成一個 4-5 人的小組,進行探究與實作,藉以培養學生的溝通、合作、知識整合,以及自主學習的能力,而具體的學習任務則聚焦在學生能運

用跨領域知識的整合，進行真實情境問題的探究，透過批判思考分析手中資訊、辨識真偽，然後有邏輯、脈絡地論述探究的結果。

　　新加坡的另一門必修課程「理解與寫作」（General Paper），除了淬煉學生英文寫作的表達能力，更因為寫作主題聚焦於時事、新加坡在地議題及全球重要議題，學生必須廣泛閱讀理解相關文本，擷取關鍵訊息，運用批判性思考評估文章中的論點，進而整合跨領域的知識，援引實例支持及發展自己的論證，藉以完成論證寫作。

　　最後應該強調的是，PISA 自 2018 年起，開始重視「國際力」，但OECD 真正關心的是如何引導世界各國在學校平常的課堂學習中，實現「平等」（equity）、「凝聚」（cohesion）、「永續」（sustainability）三大目標，因為這攸關環境變遷、科技躍進、國際關係、跨文化理解、人權等重大議題，也深具挑戰。循著這樣的理念與思路，OECD 主張，今後世界應該特別強調年輕學子的文化包容、國際友伴交流的能力，以及在資訊社會中，如何具備閱讀理解、分析與批判思考的能力。

　　以上跨國組織或各國刻在進行中的學習能力培養，雖然訂定許多的能力要項或指標，但追根究柢，他們對於學生學習表現的要求，除了學科知識之外，同步著重「高層次思考」，或所謂「超越／跨越學科的能力」（第三章）。

　　在推動 108 課綱之際，臺灣才全面開始關切學生如何發展在真實情境中應用跨領域知識，進行思辨、解決問題等能力。若從國際比較來看，就能發現臺灣已經落後許多。這正是前文提到「結果令人震撼」的原因。

　　透過以上的理解，在《中學專題研究實作指南》一書中，歸納各國

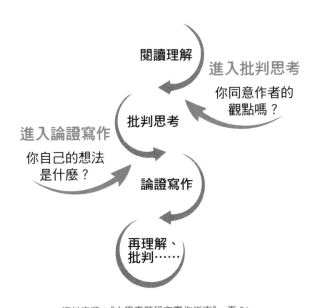

資料來源：《中學專題研究實作指南》，頁 21。

圖 8.2　閱讀理解、批判思考、論證寫作的轉化

所關注當代學生的能力，至少包括閱讀理解、批判思考、論證寫作三項，延伸擴充則涵蓋資料蒐集、團隊工作、溝通表達、慎思行動等，如圖 8.1 所示（第 127 頁）。

　　至於居於核心地位的三項基本能力：閱讀理解、批判思考、論證寫作，彼此環環相扣的關聯性，則如圖 8.2 所示。

高層次思考逐漸成為學習與評量的日常

　　臺灣推動 108 課綱，政府已將課程設計權力局部下放給學校，同時全面實施素養教學。因此，透過彈性學習時間、校本課程或校訂必修、

多元選修等類型課程，絕大部分中小學所設定的學習目標，大多含括「閱讀理解」、「批判思考」、「團隊工作」、「溝通表達」等要項，並且往往是安排各種在地或貼近學生生活經驗的真實情境，進行多元形式的探究與實作，實地演練各項基本能力。

這些素養教學的實施，無論對老師或學生而言，逐漸成為日常。而各校進展比較順利的課程，在 110 學年度之後，課程穩定度與教學品質都已經顯現出來。

此外，特別讓家長、社會大眾有感的，應該還是公開實施的大型升學考試、招生措施。尤其是國中教育會考、大學學科能力測驗、指定科目考試（111 學年度起改為「分科測驗」）。

這些大型考試，無論升高中或升大學，所有的考試科目題本都具備「多文字」、「長篇章」、「跨領域」，及「混合文本」等四大特色。一份題本動輒數千、上萬字，閱讀或寫作單一試題文字則可能多達 600 字，回答一個試題可能得運用兩個科目以上的知識，同時，整份題本的資訊呈現會包括文字、數據、圖表等。再加上考試時間的限制，這使得在學科知識的運用之餘，還得有效發揮「超越／跨越學科能力」──閱讀理解、批判思考、論證寫作，整體搭配好，才能有比較理想的表現。

或許仍有人認為，評量國中畢業生的教育會考，真的也是這樣子命題，「玩這麼大」嗎？其實只需查閱近兩年會考前，各大媒體所報導的「考前衝刺」，加上考試後命題機構公布的會考試題這等「一手資料」，即可知曉。歸納而言，至少有七個「應考」能力是相當關鍵的：

1. 從情境化、大量的圖文資訊中，擷取關鍵線索。

2. 從時事或重大議題中，掌握關鍵概念。

3. 不同立場「互文比較」的思辨。

4. 跨冊、跨學科知識的比對與統整。

5. 「文轉圖」、「文轉表」之類的圖表解讀與轉譯。

6. 透過數據分析，掌握關鍵概念。

7. 運用寫作或計算進行證明、推理或論證。

此外，自 111 學年起，大學校系採計學習歷程的占分比例，規定「綜合學習表現」至少須占 50%。換言之，學測考試成績占比不能超過「綜合學習表現」。「綜合學習表現」包含學習歷程檔案和大學的面試、筆試或實作等，若以 50% 共 50 分來計算，依現行規範，一般科系設定的學習歷程檔案至少要占 20 分，因此成為申請入學關鍵分數。

「學習歷程檔案」是高中生在學期間的學習表現證明。哪一些學習表現的佐證，對於大學端最具有說服力呢？其實就是經由探究與實作的學習行動，所運用的閱讀理解、批判思考、論證寫作、團隊工作、溝通表達、慎思行動等能力，以及從這些能力展現中，所具備的自主學習特質和高層次思考。

課程與教學重點的轉移

面對以上學習目標的轉變，或是針對素養教學、高層次思考的倡導，許多中小學教師一時之間難以適應。確實，這是非常重大且難度增加的轉變！如果自己沒能即時調整，並獲得來自教育行政主管機關、教

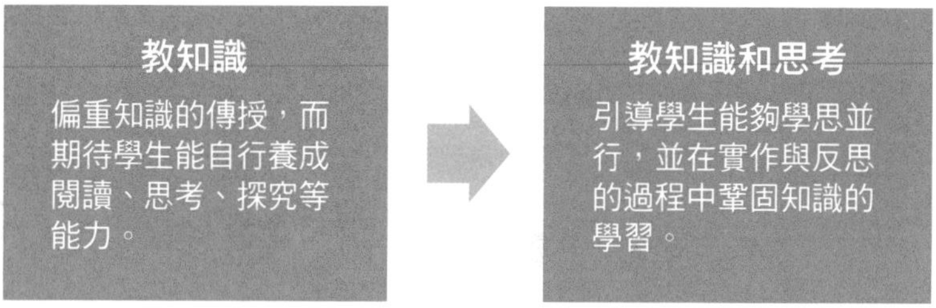

教知識		教知識和思考
偏重知識的傳授，而期待學生能自行養成閱讀、思考、探究等能力。		引導學生能夠學思並行，並在實作與反思的過程中鞏固知識的學習。

圖 8.3　課程與教學重點的轉移

師同儕和其他外部資源的有效支持，適應上就會出現不小的困難。

　　不過，當我們換個角度，衡量「重視素養教學或高層次思考」的必要性時，特別是透過國際比較之後的發現，實在很難否認這等改變的必要性和迫切性。如果學校，特別是公立學校，不好好引導所有的學生發展自己、面對生活及世界的諸多本事，或者直接判定只有少數「成績好」的學生才有這樣的學習條件與需求，如此一來，無疑地，我們正在安排大量學生，讓他們「等待失敗」，並且極有可能，我們正親手讓臺灣未來發展的動力趨於淪喪。

　　衷心希望，教學現場的教師們能轉化觀念與方法，在這一波難以迴避的教育風潮中得以啟航前行。

第九章

在探究與實作中，
發展高層次思考

✓ 經由探究與實作，可以磨練高層次思考；能展現高層次思考的學習成果，含金量十足。

✓ 批判閱讀、議題發想、問題界定、資料蒐集，是進行探究與實作的四項基本功。

✓ 若只是發展批判閱讀的能力，完成相關的分析、歸納、評論，也是不容忽視的學習成果。

擁有「高層次思考」是目標，至於「探究與實作」及其設定的表現任務，一般認為正是磨練高層次思考，達成目標的較佳方法或途徑。若以「學習歷程檔案」來看，能夠展現「高層次思考」的探究與實作表現任務，應該是含金量十足的學習成果。

如何透過「探究與實作」而完成一個富有思辨性、啟發性的學習任務，是許多教師、學生、家長所關切的。但什麼才稱得上是這種足以培養、磨練高層次思考的「探究與實作」呢？有沒有一個比較簡易的模式，可供了解呢？這正是本章及下一章想要回答的問題。

「探究與實作」的梗概

教導學生學習「探究與實作」，最佳入手處應是「批判閱讀」（critical reading），這是整合「閱讀理解」和「批判思考」的基本能力。教師可依照自己的學科背景、課程目標、學生的知識基礎等，選擇具有思辨、推理、論證性質的文章，引導學生將注意力放在作者如何「界定問題」、「解答或解決問題」的思路及方法。

「批判閱讀」的學習，一開始是一篇文章，讓學生先熟悉「閱讀理解」策略、技巧。接著，再閱讀同一主題的兩篇文章，學習如何交互比對，看看兩篇文章在論證上有何異同，並嘗試歸納出作者們共同關注的問題焦點是什麼；換言之，儘管觀點或論證不太一樣，但他們都想要處理的問題是什麼。

依據「批判閱讀」的能力發展來設計課程，應該比分配給不同學科的輪流指導，要來得有系統，也比較不會讓學生覺得一直在「繞圈圈」。

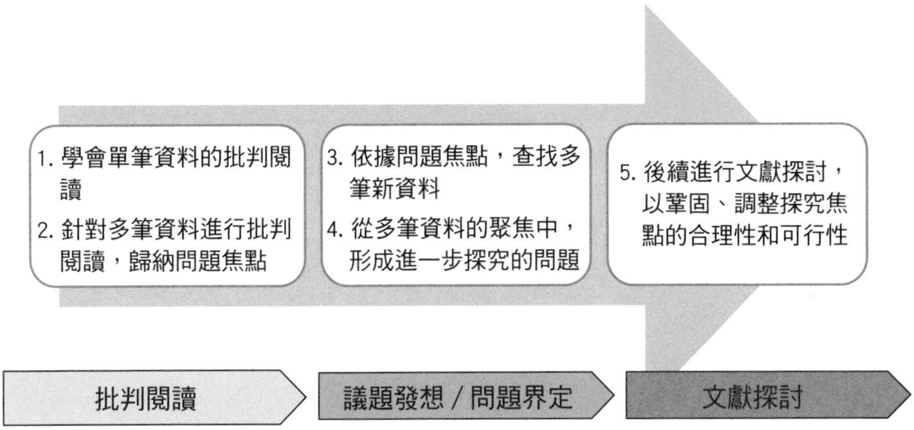

1. 學會單筆資料的批判閱讀
2. 針對多筆資料進行批判閱讀，歸納問題焦點

3. 依據問題焦點，查找多筆新資料
4. 從多筆資料的聚焦中，形成進一步探究的問題

5. 後續進行文獻探討，以鞏固、調整探究焦點的合理性和可行性

批判閱讀 ⟩ 議題發想／問題界定 ⟩ 文獻探討

圖 9.1　以「批判閱讀」入手，打好「探究與實作」基礎

隨著從單篇到兩篇、多篇文章的比對分析，就得動用「批判思考」，課程將富有挑戰性。

我們可以再使用圖9.2，說明由「批判閱讀」所啟動的深度學習過程。

依據圖 9.2 的表示，教師可以提供二至三篇具有交集的文章，引導學生發現各篇文章的作者們共同關注的問題焦點是什麼，接著讓學生依據這樣的交集，自行查找至少一篇也是具有「共同關注的問題焦點」的文章。從此刻起，學生其實已經來到「議題發想／問題界定」的階段。

根據以上兩個圖的描繪，以下詳細整理運用「探究與實作」，培養、磨練學生發展高層次思考的重要訊息，包括：

1. 透過「批判閱讀」的練習，從單筆資料的研讀，到多筆資料的研讀與交互比對，培養「閱讀理解」和「批判思考」的能力。只要研讀的資料是在學生的學科知識（例如自然領域、社會領域、綜合

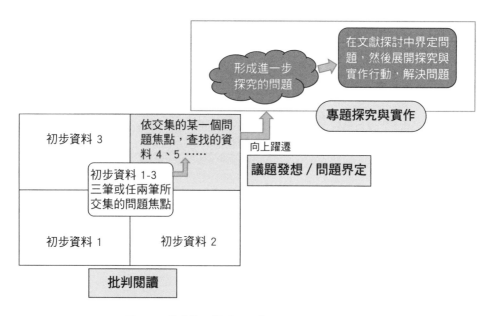

圖 9.2　從「批判閱讀」到「探究與實作」的過程

領域或藝能學科等）足以勝任的基礎上，通常就能夠增進「閱讀理解」和「批判思考」的能力。

2. 運用多筆資料的研讀與交互比對，目的是要練習發現資料中彼此共同關注的議題，歸納相關的論點，確認可能的關鍵字，並嘗試運用這幾個關鍵字，連結成至少一個句子，藉以說明這幾筆資料所要探究的問題焦點。

3. 緊接著，練習蒐集資料的方法，然後就可以運用這幾個關鍵字蒐集若干筆資料，特別注意立場不同的資料，這對於形成進一步探究的問題，相當有幫助。

4. 從練習蒐集、研讀新資料開始，已經進入「專題探究」的階段。

從「批判閱讀」過渡到「專題探究」，這是關鍵的「向上躍遷」，可以視為「閱讀與思考」和「探究與實作」之間的分水嶺。

5. 向上躍遷到「探究與實作」，是艱困的一步。專題探究需要磨練、整合運用相當多的學科知識，以及假設、分析、批判、論證、推理、評估、創造，乃至情境知覺、時間管理、計畫與決策、團隊合作、溝通表達與寫作等能力，屬於「素養」學習的進階。

6. 無論在「批判閱讀」或「專題探究」階段，只要教師事先設定好探究的「共同關注議題」是什麼，例如從聯合國的「永續發展目標」（SDGs）中選取，都有助於學生發展自主學習與社會關懷的素養。

圖 9.2 關於「向上躍遷」部分，另可簡化為如下的圖 9.3。教師應不斷追問、學生自己也得持續反思「然後呢？」逐步釐清進一步探究的問題焦點。

以上從「批判閱讀」過渡到「探究與實作」，逐步發展高層次思考的歷程，相關探討主要是依據我和社群夥伴們先前完成的三本著作加以扼

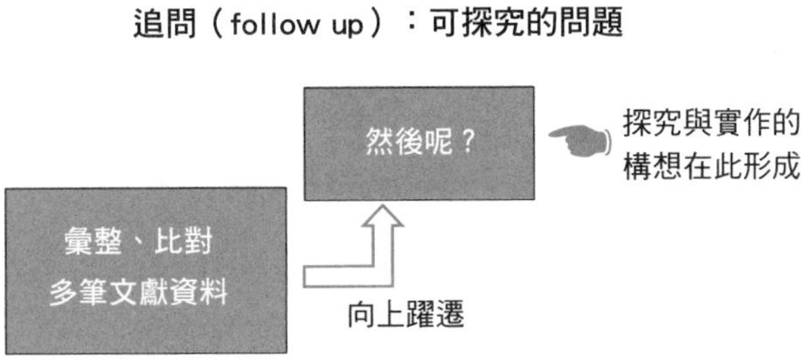

追問（follow up）：可探究的問題

圖 9.3　在多筆資料彙整比對中追問，形成探究與實作的構想

要解說，包括《中學專題研究實作指南》、《我做專題研究，學會獨立思考！》（增訂版）、《高層次閱讀與思考》。

探究的基本功一、批判閱讀

若要展開從「批判閱讀」到「探究與實作」的知性探險之旅，教師得將課程與教學的關注，從以往偏重「教知識」，先轉移到「如何教探究的能力」。以下選取關鍵的四個基本功，扼要解說。

在「批判閱讀」階段，最重要的學習應是了解「主張」（claim）、「論點」（argument）、「證據」（evidence），以及「推理」（reasoning），可以簡稱為 CAER，這是我在《高層次閱讀與思考》一書主要的討論內容。

「主張」，指的是我們對於某件事情、某種現象或問題的觀點或立場，經常是以「支持或不支持」來表示。「證據」，當然就是與「支持或不支持」相關的事實或佐證資料。有了「證據」，「主張」自然就會更有說服力。

至於「論點」，稍微複雜一些。許多人針對「論點」的翻譯，以及在「論證」中是否該有「論點」，存在著不同的想法。

然而就我的了解而言，argument 總帶有 persuading others that an action or idea is right or wrong 的意圖，在人文及社會科學，或是運用數學、自然科學解決實務問題時，往往涉及價值或利害關係的說服、爭取同意之意圖，在此狀態下所對應的概念，其英文表述以 argument 為宜。

而數學、自然科學所指的「論證」，若著眼的是思辨、推理的行動或過程，重視的是「真或假」，而不是「對或錯」，其使用的英文以

argumentation 為宜。當然，此一類型的行動或過程之指稱，亦適用於人文及社會科學。

在這樣一種 argumentation 的運思過程，通常就會包含 claim、evidence、reasoning 等三個要件。但在人文及社會科學（例如學生制服規範、代表隊選拔、霸凌的界定等），或數學、自然科學涉及科技應用（例如爭取科研預算、採用特定工法、選擇某種安全標準等），經常會再加入 argument。

簡言之，如果只是講求「真或假」，論證過程未必要提供「論點」，但在人文及社會科學的探討中，或數學、自然科學涉及科技應用時，此時的關切可能是在「對或錯」、「適當或不適當」等，提出「論點」，便屬必要。為了說明這樣的差異，我經常開一個玩笑：

「黃春木老師是一位高中歷史老師」，這是事實，是「真」的。

「教務處希望黃老師指導一組學生，完成生物科的科展作品」。「教務處希望」或許是真的，但此處最該斟酌的應是由我來指導，如此的希望「適當或不適當」、「對或錯」呢？除了證據之外，也需要論點來加以說服或推翻。至於最佳的切入點，應是釐清學生的探究方向與焦點是什麼。

最後，我們來看「推理」。當學生在一篇文章的閱讀理解中，嘗試尋找及確認 CAER 時，最不容易發現的就是「推理」。因為，「推理」是將「主張」、「論點」、「證據」連結在一起，使之具有邏輯的思考過程，要發現這樣的過程，得讀懂作者是怎麼把「主張」、「論點」、「證據」串起來的。

譬如說，論證「環保袋未必比塑膠袋環保」、「共享汽車、機車及單車的推廣，可以將城市還給行人」、「廢除核能發電是必要的，但也會付出代價，而這代價非常昂貴」等，這些論證要能成立，不僅需要「證據」、「論點」，更需要「推理」，一方面嚴謹地梳理「證據」和「論點」的關聯，另一方面要能穩固地支持「主張」，才能得出合理的「結論」（conclusion）。

在「批判閱讀」階段，就是要讓學生熟悉如何分析、檢視、評估一篇文章的 CAER 架構。但要怎麼練習呢？最好的方式，是進行「從練習寫摘要，學會掌握 CAER」的學習活動。這可以讓整個「批判閱讀」的學習過程更為扎實。

如果對於書寫摘要的練習不甚熟悉，除了參考我先前的著作之外，另推薦 YouTube 上兩支很棒的「如何寫摘要」教學影片，長度都只有 3 分鐘左右：

- How to write a summary（Shaun Macleod）
- How to write an effective academic summary paragraph（Maritez Apigo）

相較於「專題探究」，或許有人會認為停留在「批判閱讀」，似乎比較遜、比較 low，其實未必。批判閱讀的主要目的，應是讓自己透過瀏覽、略讀（skim）及細讀（close reading）的過程，循序漸進成為「主動的訊息處理者」，以及「發展自己的想法」。這是在當今世界十分關鍵的素養，應該是所有能力的共通基礎。

透過批判閱讀，讀者最終要能夠經由評論與心得的書寫，展現「省

思與評鑑」的能力，嘗試與作者對話，將所理解的文本內容，與自己原有的知識、想法和經驗連結，經過判斷與省思、蒐集和梳理更多相關資訊，才提出自己的見解和觀點。如果，這樣的思辨歷程，凝聚的見解和觀點，能夠連結重要的社會議題，甚至進一步與社會人群形成互動，就可以轉化成積極的社會參與力。

　　事實上，即便過去數年間的大學學測、指考試題，乃至部分國中會考試題，早已經針對「閱讀理解」、「批判思考」命題。最佳證據就是越來越長的題幹、與生活情境連結，以及越來越多的圖文、圖表整合。尤其是國文、英文的寫作測驗或作文，在「閱讀理解」、「批判思考」之餘，還得進行「論證寫作」，提出自己的想法，以及省思與評論。自 111 學年度起，各個考科的大學學測將出現混合題型，更為明顯地反映了「從批判閱讀，發展自己想法」的趨勢。

探究的基本功二、議題發想

　　如果只是關注「批判閱讀」能力的培養，僅需要進行到確認多筆資料「共同的關注議題」，完成比對分析和評論，就可以告一段落。如果還要進入「專題探究」，此時從「共同的關注議題」展開「議題發想」，就是必要的敲門磚。

　　「議題發想」始於「發現問題」的過程，這通常都會和自己的生活背景、社會脈絡、文化淵源有關。而在一開始，「問題」往往意味著是一種麻煩、困難、爭議。其來源不外乎：

1. 從上課中發現

2. 從聊天中發現

3. 從閱讀中發現

4. 從觀察中發現

5. 從做事中發現

以上五種，性質上都屬於學習的活動。一般而言，自然領域似乎比較偏好「觀察」，而社會領域比較偏好「閱讀」，但這往往只是一種習慣或是「慣性」，實際上，五種途徑都有價值，也可以同時運用，彼此不是互斥的。但是，如果從能力整合與延伸運用的角度來估量，經由「閱讀」來發現問題，應該是必不可少的一種途徑。

不過，「議題發想」可不是只有覺察這是一個麻煩、困難、爭議而已，還需要進一步整理成可供探究的「問題」，這就需要經過仔細思考的過程，以便將先前獲得的諸多「資料」，從中擷取、彙整為「資訊」。只有經過這樣的自主思辨過程，此時的「問題」才具有可探究的價值。

例如，雖然媒體一直在談論新冠疫情期間，「一次性塑膠用品」的消耗激增，相關資料很多，但在偶然情況下，卻發現「免洗餐具」的消耗有減少的趨勢，這似乎是一種矛盾現象，引發探究的好奇！當我們依循

學 ↔ 思　　化「資料」為「資訊」

圖 9.4　議題發想的過程

這樣的好奇將兩邊的相關「資料」選取和彙整之後，這些挑過、整理過的「資料」就變成接下來要比對、探究時所需的「資訊」了。至於想要探究的「問題」，應該是檢核「免洗餐具」的消耗真的有減少嗎？如果是的話，原因是什麼？有哪些證據可以支持呢？

探究的基本功三、問題界定

化「資料」為「資訊」，主要就是為了「問題界定」。想要界定問題，通常的方式不外乎：多方蒐集資料，以及請教老師、學者、專家或相關人士。

不過，經驗告訴我們，請教老師或學者專家之後，通常會獲得許多有用的資訊，往往就包含了建議閱讀、乃至精讀的「文獻」（literature）。

除了一種例外，那就是「老師」主動提供專題探究的構想，甚至還包括研究設計，學生依照指引操作。這種模式，或許可以讓學生在短期間內完成不錯的學習成果，獲得肯定及榮譽，但這就不在本書的關懷之內了。在熟悉「界定問題」的歷程中，至少要專注於以下三個重點學習項目：

1. 從練習寫摘要，學會掌握 CAER（主張、論點、證據、推理）。
2. 透過資料庫，蒐集相關、有用的文獻資料。特別注意，應蒐集不同立場的文獻資料。
3. 從單筆文獻資料累加到多筆文獻資料，運用 CAER 加以分析和彙整，「發想的議題」才能逐漸變成「可探究的問題」。

圖 9.5 問題界定的過程

表 9.1 就「議題發想」和「問題界定」做出比對。

「界定問題」相當重要，但長期遭受忽略。原因可能在於教師（或家長）求好心切，或者不信任學生具有思辨及探究的能力。而可能更糟糕的原因是，我們太急於想要「解決問題」！

但如果靜下心來想，邏輯上，「界定問題」應該優位於「解決問題」。如果總是由教師代勞「界定問題」，讓學生專心於「解決問題」，這是完全悖逆教育理念和學習原理的。關於「問題界定」，在第十章將有進一步的探討。

▌表 9.1　「議題發想」vs.「問題界定」

議題發想	問題界定
為何海洋生物體內有這麼多人造纖維？	許多海洋生物致死的原因是體內累積大量的人造纖維，這些人造纖維是經由哪些途徑進入牠們體內？
袁世凱已權傾天下，卻還要大費周章當皇帝，何必呢？	袁世凱在民國 4 年之後，實質上已是一個終身職的獨裁總統，但他還想當皇帝，皇帝和終身職獨裁總統兩者的權力結構差別是什麼？

探究的基本功四、資料蒐集

與「問題界定」相輔相成的是「資料蒐集」。蒐集資料的目的是為了促成問題的界定，而在問題界定、凝聚探究焦點的過程中，將會引導資料蒐集的方向及重點，並且逐步擷取有用的資料，成為探究所需的資訊。

應該說明的是，在各種資料的蒐集中，格外不能忽略「文獻」的重要性。為了深入了解自己正在關注的現象或議題，在類似方向或主題中，已有哪些前人的探究成果（文章或書籍）可供參考，他們的觀點或方法有什麼優缺點，帶來何種啟示或警惕？前人著作，即是「文獻」的主要來源。此外，在政府或某些機構中是否典藏著相關的文件、檔案等，這也可能是「文獻」的重要參考來源。

提醒蒐集文獻的必要性，並不是要比照大學或學術機構的標準規

圖 9.6　「問題界定」與「資料蒐集」的關係

範，而是希望能多留意前人研究，或是政府、公私機構的正式文件。按照過往的經驗，多數學生歷經蒐集、閱讀及篩選，只要最後能夠掌握 3 至 5 筆足以讓他們凝聚探究焦點的文獻，應該是夠了。

再者，除非學生具備相當的背景知識及研究能力，否則不必勉強一定得閱讀學術期刊論文，或碩博士學位論文。目前已有許多人文社會科學或數理科學的科普網站、媒體建構的資料庫，多方提供兼具知識性和可讀性的文章，若加上教師推薦的合適書籍，應該就很充分了。以下羅列一些合適的文獻來源及網站：

1. 「Google 學術搜尋」（Google Scholar）。相關的說明請參考：臺大圖書館參考服務部落格 http://tul.blog.ntu.edu.tw/archives/16097。

2. 臺北市教育局所建置的線上資料庫（須用學校 IP 進入，或申請個人酷課雲帳號，推薦資料庫：華藝線上圖書館、聯合知識庫、科學人等）。

3. 政府年度統計及報告；科技部國家實驗研究院科技政策研究與資訊中心「政策研究指標資料庫」（PRIDE）https://pride.stpi.narl.org.tw/（免費註冊、可享完整權限）。

4. 科普網站：
   （1）數學及自然科學
       科學人、科學月刊、科學發展，泛科學、科技新報、科技報導、環境資訊中心、研之有物、動物當代思潮等。
   （2）人文及社會科學
       綜合通論類：天下、遠見、商周、今周刊、多維新聞、風傳

媒、上下游、獨立評論、關鍵評論網、換日線、報橘、地球
圖輯隊、新頭殼、社企流、思想坦克、聯合報「轉角國際」
及「鳴人堂」等。

專門領域類：故事、說書、歷史學柑仔店、GeogDaily 地理
眼、巷仔口社會學、芭樂人類學、菜市場政治學、哲學哲學
雞蛋糕、沃草烙哲學、哲學新媒體、司法流言終結者、法律
白話文運動、研之有物、食力、動物當代思潮等。

5. 上圖書館去：各校圖書館、國家圖書館、各縣市圖書館及分館、
其他公共圖書館等，查找實體書籍文獻，或利用館內線上資料庫
搜尋。

至於應不應該直接運用 Google 等搜尋引擎來蒐集資料呢？如果在探
究初期，應是無可厚非的，這樣做，或許可以快速掌握可能的方向或重
點。不過，透過科普網站或資料庫，還是比較能夠蒐集到品質良好的文
獻資料，減少「踩雷」的風險。

維基百科呢？這就非常不建議使用，若真要參考，應該直接查找該
筆資料下方註明引用的「參考文獻」，追本溯源，比較妥當。

邁向「探究與實作」的準備

先前提到，從「批判閱讀」過渡到「專題探究」是關鍵的「向上躍
遷」，可視為「閱讀與思考」和「探究與實作」之間的分水嶺，而「問題
界定」與「資料蒐集」，就是過程中必須攀登、跨越的挑戰。

針對自己所好奇或困惑的現象、議題，經過多筆文獻資料的閱讀、討論、思索、提問（questioning）等探究過程，逐漸收斂、聚焦，終於可以提出若干個具有關聯性、研究意義及可行性的問題（questions），這個過程就是凝聚「問題意識」（problematic）。

　　每一筆文獻資料其實都有「問題意識」，在閱讀及探究過程中，我們會逐步將「論點」相關聯、有交集的多筆文獻資料彙整起來，並且採用足以佐證的「證據」，這就會反映出我們對於某現象或議題的關注焦點，從而形成暫定的假設或推論。這些假設或推論的觀點，構成了我們自己的「問題意識」，將會決定接下來處理該問題的方式及範圍，並據以確認亟須追問、解決的研究問題。以上的歷程，其實就是「文獻探討」（literature review）要完成的事。

　　只要是認真指導過學生做專題探究的教師們，都會十分明白，引領學生發現、凝聚「問題意識」是最辛苦的階段，只要跨過這一關，後頭就容易多了。

第十章

探究與實作
不等於寫小論文

✓ 文獻探討的目的,只是為了界
定問題,凝聚探究焦點。

✓ 在選取研究方法之後,就進入
了實作階段:實地蒐集、組織
資料,完成有任務的學習。

✓ 展現高層次思考的方式很多,
學習成果的呈現樣態,最好能
兼顧學生的興趣及優勢能力。

在邁向「探究與實作」過程中,「問題界定」與「資料蒐集」是必須攀登、跨越的高峰,目的是要凝聚「問題意識」。而比較不那麼學術的說法,就是要凝聚「探究焦點」。

以上整個過程,若是運用「論證寫作」的方式加以記錄與解說,就是一般所稱的「文獻探討」,經由蒐集相關文獻,進行回顧和評論。基本上,我們所關注的高層次思考,例如理解、分析、統整、假設、推理、批判、論證、評價、創造等,或是閱讀理解、批判思考、論證寫作等基本能力,都可以在文獻探討中具體而微地展現出來。

完成文獻探討就是在完成問題界定,凝聚探究焦點。之後,才真正全面進入「實作」的行動。此時,表現任務或學習成果該不該設定為「小論文」,仍然眾說紛紜。以我的立場而言,探究與實作不等於寫小論文。寫小論文只是探究與實作可能會預設的學習任務,而且是許多種類型的學習任務當中的一種選擇。以下將從凝聚探究焦點,到展開實作行動,完成表現任務,進行全面探討。

凝聚探究焦點的目的

問題的界定應該是要導向「探究焦點」的凝聚,這包含兩個部分:一是限縮(narrow down),二是聚焦(focus)。如何進行呢?

較為簡易可行的方法,是在擬定探究主題時,首先思考:想處理的是「爭議」,還是「困惑」的問題?什麼是「爭議」的問題?這有兩種形式:

1. 有人說 A 好,有人說 B 好,我認為呢?

2. 有人說 A 好，有人說 A 不好，我認為呢？

什麼是「困惑」的問題？其形式主要是：A 不好，我希望如何解決？
採用具體的例子，加以進一步說明。

▌表 10.1

研究主題設定	實例	探究的方向或焦點
「爭議」的問題	有人說太陽能較適合臺灣未來的能源需求，有人說生質能其實才比較適合。	判斷太陽能或生質能，何者比較適合臺灣未來的能源需求。
	有人說基改食品沒問題，有人說基改食品大有問題。	判斷基改食品到底有無問題。
「困惑」的問題	人臉辨識系統容易侵犯個人隱私，不知該怎麼辦？	如何加以規範而降低侵犯個人隱私的風險。

只要在探究主題的擬訂時，先想清楚，要處理的究竟是「爭議」，還是「困惑」的問題，就比較容易掌握探究的方向或焦點。連帶地，比較能夠讓整個專題探究與實作活動，具備清晰的問題意識。

先想清楚要處理的究竟是「爭議」或「困惑」的問題，還有另一個好處：有助於將研究題目加以限縮、聚焦。

幾乎所有人在擬訂探究主題時，都會搞得太大，但這是很正常的事情。因為我們在一開始，總是不太能夠知道真正可以具體探究的焦點是什麼。如果確定想處理的是「爭議」或「困惑」，接下來在研訂題目時，

就可以運用「爭議」或「困惑」來進行限縮、聚焦的工作。以下透過舉例，說明如何運用「爭議」或「困惑」，研訂出適合的「題目句型」。

- **關鍵字＋爭議點或困惑點**

  新題目：影響臺灣糧食自給率的本土變動因素分析

  原題目：臺灣糧食安全危機

  新題目：餐廳 AI 化提升顧客滿意度的挑戰

  原題目：餐廳 AI 化的利弊

- **爭議點或困惑點＋關鍵字**

  新題目：從極端氣候觀點探討臺灣咖啡種植區的變化

  原題目：臺灣本土咖啡

  新題目：從健康風險的角度探討萊克多巴胺殘留最大容許值的制訂

  原題目：臺灣開放美豬進口的爭議

- **限制範圍（人、事、時、地、物等）＋以上任一句型**

  新題目：在校園建立魚菜共生仿生態系統的成本評估

  原題目：魚菜共生對於環境的影響

  新題目：○○學校學生對於基改食品相關知識認知的調查與分析

  原題目：基因改造食品對人類健康、經濟和生態環境的影響

請仔細比較看看，在範圍或內涵上，調整過的題目是否都比原來題目具體多了？在清楚地以「爭議」或「困惑」來進行聚焦之後，帶有「問題意識」的探究焦點就能呈現出來了。

探究的進階：以文獻探討統整探究問題的界定

文獻探討，即是界定問題、凝聚探究焦點的總成。文獻探討的呈現，常見錯誤形式是將一筆筆文獻資料分別摘要、臚列，這樣的寫法，顯然無法聚焦探究者想要處理的問題焦點是什麼。如果探究者想要在逐筆文獻資料摘要呈現後，再來進行統整討論，將會使得篇幅大增。

比較理想的呈現方式，應是以匯聚的「論點」（或「發現」）來架構，這些特別標列出來的論點，通常是從至少兩筆以上的引用文獻資料中萃取出來。如果翻查上一單元一開始的圖示來對照，可以發現這些逐步確認的論點，就是在「向上躍遷」過程中，從逐步蒐集、確認的文獻資料中歸納出來的。

以圖 10.1 來看，假設我們找到三筆適切可用的參考文獻 A、B、C，分別從各筆文獻的結論中，分析出若干個論點，然後經由思辨及歸納，從參考文獻 A、B、C 的個別論點中，轉化發展成自己探究與實作的焦點，共包含甲、乙、丙三個論點。

此時，文獻探討的書寫方式，即是依照論點甲、乙、丙來區分段落。例如：

從前人的研究中，可以歸納出論點甲。在分析文獻 A 時，發現

A-1……。在分析文獻 C 時，發現 C-3 也具有……。因此，論點甲在處理……，具有重要的價值。

其次，從文獻 C，發現 C-2……，可以歸納出論點乙。

最後，在文獻 A、B 中，發現 A-2、B-1，共同顯示了……，在這一個重要議題的分析上，足以形成論點丙，做為進一步探究的焦點。

在架構文獻探討各個論點的過程中，其實就是一個「論證」的過程，藉以鞏固自己凝聚的探究焦點。如果所引用的文獻資料包含了不同的主張或結論，不是只有「同溫層」的文獻資料，此時所進行的「論證」就會加入「反駁」，這將使得整個論證過程更加精采、周延。

文獻探討書寫的最後，得要有小結。說是「小結」，其實是文獻探討的「大成」。就我多年的評審經驗而言，優先檢視這個關鍵處，可視為判定作品水準的「快篩」。

文獻探討的小結，建議書寫如下：

由以上文獻探討可知，……（歸納正反論辨等，發現了關於前人研究的啟示、優點、限制或缺失）。

因此，本研究將深入探討（或假設）……（打算以何種方法、途徑、工具等，在那些主題項目或探究焦點底下，以期解決或回答什麼問題；可採條列式，分項說明）。

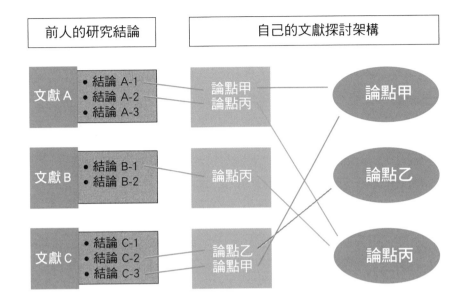

資料來源：《中學專題研究實作指南》，頁 199。

圖 10.1　文獻探討架構的發展

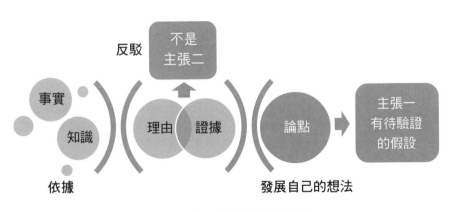

圖 10.2　經由論證建構文獻探討

展開實作行動：從文獻探討到選擇研究方法

在完成文獻探討的過程中，除了確認探究的焦點，或待答的問題、待驗證的假設之外，還須同步思考將採用什麼研究方法，以便展開實作的行動。

如果支持上述論點甲、乙、丙的資料，在圖書館或線上資料庫等處已能充分獲得，此時採用文獻分析，應該就可以了。

但是，如果文獻資料不足以回答預設的待答問題，此時，就需要另謀出路，例如去拜訪、請教適當的人士，或者到相關的地點去實地觀察記錄、攝影、蒐集文物，甚至是進行問卷調查，或做實驗等，這時可能

文獻探討	➡	研究方法 研究設計	➡	正式研究

文獻探討	研究方法 研究設計
1. 前人已經知道了什麼？ 2. 可能有什麼還不清楚的？ 「爭議」或「困惑」？ 3. 想針對哪個部分進行了解？ （追問、待答的問題）	常用研究方法，包括：**觀察、實驗、調查、訪談、文獻分析**等。 通用程序：**資料蒐集→資料處理→分析解釋** 1. 每一種研究方法都有獨特的資料蒐集方法。 2. 每一種研究方法所蒐集的資料型態、分析解釋的方式都不同。 3. 資料處理方式，可區分為量化、質性兩種。
發現問題 → 界定問題	**解決問題**

圖 10.3 「研究方法」是銜接「文獻探討」和「正式研究 / 實作行動」之間的關鍵

需要運用更多的研究方法了。

就人文及社會科學而言，之所以會進行口述訪談、實地考察、問卷調查等，通常就是因為現有文獻資料不足以回答問題所致；口述訪談或實地考察、問卷調查的目的，主要是為了補強佐證資料，或者讓結果的討論更加充實精采。

若就自然科學而言，一般就會直接考慮使用觀察、實驗方法，蒐集及分析特定類型的資料。

該選擇什麼樣的研究方法，其實是跟著探究的焦點，或待答的問題、待驗證的假設走的。各種研究方法之間並無高下之分，唯一該斟酌的應是「適切性」。

下列資料取自臺北市立建國高中校訂必修課程 110 學年度公版講義。研究題目一、二中，分別列出了幾個待答的研究問題。針對這些研究問題，應該運用何種研究方法來解答，比較適切呢？

▍表 10.2

研究題目一
校園合作社瓶裝水販賣與環保問題
研究問題： 1. 全校師生對於禁賣瓶裝水的看法與受到的影響為何？ 2. 禁賣瓶裝水之後，寶特瓶飲料的銷售量是否有所變動？ 3. 禁賣瓶裝水，是否真的減少了全校垃圾總量？

研究題目二
颱風造成臺灣農業的損害──以稻米為例
研究問題： 1. 颱風會影響臺灣稻米收成量嗎？ 2. 颱風帶來的風和雨，何者對稻米造成較嚴重的影響？ 3. 如何有效降低颱風對於稻米的損害？

圖 10.4　探究與實作產出學習成果

有任務的學習：邁向學習成果的產出

　　探究與實作的行動，應該是一個「有任務」的學習。換言之，在準備探究與實作的行動時，應該已經知道將要達成什麼樣的表現任務，產出何種學習成果。這個表現任務或學習成果，可能是教師指定的，也可能是學生自己選擇的。

　　在透過文獻探討釐清及確認探究焦點、選定探究方法之後，由於設定的表現任務不同，接下來進行的一連串實作活動，包括需要蒐集、彙整及分析處理的資料等，就會有不同的過程、型態。

　　有哪些表現任務或學習成果的型態呢？一般常見的，大概包括閱讀心得、實察（驗）報告、海報、小論文、報導文學、短篇小說、散文集或新詩集、藝術創作、裝置藝術、繪本、微電影、紀錄片、桌遊、模型、主題展覽、行動倡議等，可以是紙本或數位形式，可以是靜態或是動態，可以是敘事的、論證的、倡議的、創新的，其實相當多元。歸納而言，探究與實作成果、表現任務，至少可以區分出四大類：

1. 學術寫作

2. 文藝創作

3. 實物製作

4. 行動方案

最理想的狀況，當然是每一位學生（或小組）依據自己的興趣、優勢、專長，選擇適當的發表型態，將探究與實作的成果精采地展現出來。不過，實際上仍得衡量課程的目標、軟硬體條件等因素，做出綜合判斷。

至於許多人非常關注的，應是「學術寫作」中的小論文。高中生若能完成此類作品，還可以投稿中學生網站（www.shs.edu.tw），參加評選。自 110 學年度起，在寫作格式及評分向度上，出現重大的修改，相關資訊請參考表 10.4（第 163 頁）。

透過有任務的學習，探究與實作的行動將會比較有方向感、有目標。不過，無論是探究與實作的行動，或是學習任務、學習成果，無論是靜態或動態，無論是學術寫作、文藝創作、實物製作或行動方案，最終要展現的其實是高層次思考，這才是關鍵的學習所在。

一如第三章所言，高層次思考涵蓋相當多的認知活動，若以中學生探究與實作學習表現來考量，可簡要歸納及組織如表 10.3（下頁）。

在每一次的探究與實作學習活動中，「探究」與「反思」，一啟動，一總結，都屬必要的能力表現。如果要進入實作階段，老師就得衡量，是要讓學生「把事情講清楚」，還是要進一步「找事情做做看」，以便展現在高層次思考的精進程度。

探究	將問題想明白	1　探究
實作	把事情講清楚	2-1　敘事
		2-2　論證
	找事情做做看	3-1　倡議
		3-2　創新
反思	回顧與前瞻	4　反思

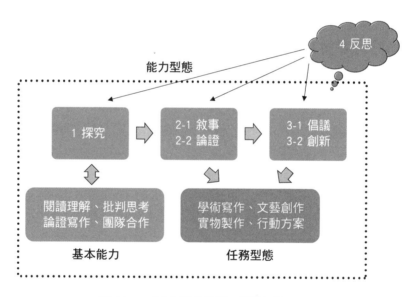

圖 10.5　「有任務的學習」整體架構

左頁圖 10.5 呈現「有任務的學習」整體架構，表 10.5（第 164 頁）則列舉幾個例子，說明「學習任務」可能設計的幾種型態。

有任務的學習：「反思」很關鍵

有任務的學習，應該具備「有挑戰性的學習」及「有反思性的學習」兩要件。一個探究與實作學習活動到了最後，必須回顧整個探究與實作的歷程、學習成果，展開反思（後設思考）：

1. reflection on action：看看自己哪些部分做得好、有進步，哪些部分做得不好、尚待改進，進行評估與總結。
2. reflection for action：思考後續可能嘗試延伸的探究與實作任務，將會是什麼。
3. reflection in action：在啟動新的學習任務時，設定幾個「檢核點」，以便及時調整和改進。

經過以上的討論與解說，可以發現，探究與實作的範圍遠遠大於寫小論文。一個關於探究與實作的課程設計，需要衡量斟酌的細節相當多。第九章及第十章呈現了一個大架構，至於該以什麼樣的設計思考來統整、落實這樣的架構與細節呢？我們將在第四單元來探討。

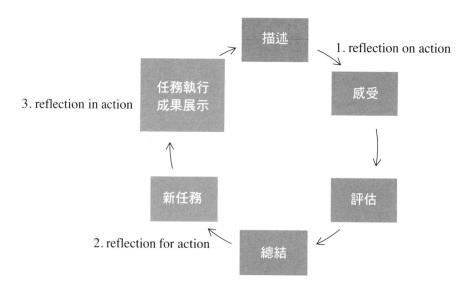

圖 10.6　針對探究與實作的歷程與學習成果，進行反思

▌表 10.4 新版高中小論文寫作格式及評分向度

舊版	新版（110 學年度啟用）	
壹、前言	壹、前言	是否清楚描述研究背景／動機
		是否清楚具體說明研究目的及問題
貳、正文	貳、文獻探討	引用資料是否與研究問題相關
		是否客觀且有系統的敘述，並正確掌握相關知識
		相關領域之概念是否正確
	參、研究方法	是否說明研究概念／架構
		研究方法、研究流程是否合宜
	肆、研究分析與結果	研究分析是否完整，並具邏輯性
		研究結果闡釋是否合宜
		圖表是否正確
參、結論	伍、研究結論與建議	結論是否呼應研究目的／問題
		研究問題是否被解決
		研究建議是否合宜
肆、引註資料	陸、參考文獻	尊重著作權，正確引註參考資料，並詳列參考文獻
		參考文獻及論文格式符合主辦單位所訂格式

表 10.5 學習任務設計示例

		示例 1	示例 2
學習任務		針對《杜甫三吏三別》，進行小組討論，了解詩人的時代與心境	製作可較長距離移動的太陽能板電動模型車
1 探究 • 閱讀理解　• 批判思考 • 資料蒐集　• 團隊合作		閱讀理解 團隊合作	閱讀理解 批判思考 資料蒐集 團隊合作
實作	2-1 敘事		
	2-2 論證		
	3-1 倡議		
	3-2 創新		衡量及調控相關變因，根據紀錄，判斷最佳選項
4 反思		戰亂下民不聊生、生離死別的處境	如何控制好成本，創造最大效益？
任務型態 • 學術寫作　• 文藝創作 • 實務製作　• 行動方案		（口語表達）	實物製作

說明：1. 學習任務設計模式有五，「1 探究」、「4 反思」是基本，若搭配「實作」，四選一即可。

2. 「反思」的面向其實很多，教師可視學習目標，予以引導。

示例 3	示例 4	示例 5
製作海報，解說增加太陽能板電動模型車移動距離的訣竅	以行動方案，倡導對於臺灣外籍移工權益的關注	探究「無人商店」發展的趨勢
批判思考 資料蒐集	閱讀理解 批判思考 團隊合作	批判思考 資料蒐集
以圖表輔助文字，進行說明		
		經由「行動支付」的科技條件，進行分析和評估
	推行「友善移工」運動，維護人權與正義	
文轉圖的技巧	對於離鄉背井、勇敢逐夢的在臺外籍移工，我們應致以敬意和謝意	後續可以針對「就業人力的正負面影響」延伸探究
文藝創作	行動方案	學術寫作

第十一章

沒有課程
是一座孤島

✓ 透過「跑馬道」、「地圖」、「旅程」的隱喻，可以了解課程的多個型態，這些型態沒有互斥。

✓ 為學生建構「課程地圖」，讓他們享有多元的學習進路，是必要的。

✓ 設計課程讓學生探索，在求知的旅程中能自行發現及體會，也是必要的學習經驗。

17 世紀的英國詩人約翰‧多恩（John Donne）曾經寫下：「...No man is an island, entire of itself; every man is a piece of the continent, a part of the main...」詩句中雋永地闡明「生命共同體」休戚與共、生死依存的情懷。

100 學年度，為了因應十二年國教的推動，當我參與了學校的總體課程建構，年少時曾讚嘆不已的詩句，突然在心中躍動。是啊，沒有人是一座孤島，我們每個人都是大地整體的一部分，都是人類全體的一員，而我們看待「課程」，何嘗不應作如是觀！

以整體的視野來看待學校中讓學生學習的「課程」，特別是在知識因分科教學而益形割裂的情形下，顯得格外重要。

換個角度看，人不能獨自存活，需要仰賴很多人，課程亦然。任何教師在實施一門課程時，若執意一切都從頭來，不與其他任何課程有所連結，這是根本不可能存在的事情。或者，只管單打獨鬥，教自己想教的，完全不理會其他教師教了什麼、學生先前已經學會了什麼，這真是匪夷所思的事情。

我們常常聽到許多教師一邊抱怨教學時間不足、學生程度不佳，一邊努力勤教嚴管，卻仍然事倍功半，時日一久，銳氣全失，心灰意冷。這是多麼可惜的結局啊！

這些年來，我不免懷想：「Any man's death diminishes me, because I am involved in mankind.」但轉化其精神，關心同校或友校教師同儕的課程與教學。當教師努力設計、教導一門課程，最後卻失敗收場，感同身受這個「課程之死」，我們應該如何減少這樣的挫折呢？

且讓我們先暫時放下學科知識、核心能力、學習重點、表現任務等等的掛念，回過頭來省思，何謂「課程」？以及，我們應如何透過課程實

現教育目標？

課程的三個隱喻

　　何謂課程？首先，課程（curriculum）一詞源自拉丁文 currere，意指「跑馬道／馬車跑道」，引申為學生學習必須遵循的路徑。在這樣的隱喻下，課程是用來指引，同時也規範了學生學習的方向及範圍。此外，不同的課程宛如不同的跑馬道，涇渭分明，學生就是在選定（或被選定）的跑馬道上奮力向前、循序學習。

　　如果我們擺脫課程的原意，打開想像，特別是體認當今知識的多元、浩瀚，或許可以將課程理解為「地圖」。這麼一來，雖然起點和終點是設定的，但無論單一課程內或是多門課程間，其實都具有環環相扣的關係，卻又蘊藏多重路徑的可能。課程即地圖，預示了學生可以按圖索驥，雖然仍不免拘泥，變通性有限，不過還是需要自行探索、理解、組織相關線索，辨明方位，才能到達目的地。

　　如果我們的想像力再大一些，或許可以將課程比擬為「旅程」，這裡指的不是「觀光」（tour），而是「旅行」（travel）。觀光，其實就是按圖索驥，基本上是沿著既定行程走；旅行，可就不一樣了，甚至於無所謂迷路這一回事。因此，美國旅行作家保羅・索魯（Paul Theroux）曾說過一句很有哲思的話：「旅人不知道該往哪裡去（因為那不重要），而遊客不知道自己去過哪裡。」這句話拿來對照我們教室中經常只是浮光掠影的學生們，真是鮮明啊！但是，是誰讓他們成為「觀光客」的呢？

　　旅行，目的是去看、去感受、去理解、去沉思。在旅途中，或許繞

了遠路，走了岔路，但卻飽覽意想不到的風景，「be there」，真正地接觸。觀光客只是「經過」，而旅人總是「抵達」，因而充實了心靈，帶回不一樣的自己。

從務實面來看，學校中的所有課程可能有的如同跑馬道，有的像地圖，但是不是也可以有那麼幾門課程，可以帶給學生猶如旅行般的體驗呢？

與其他兩類課程相比，「課程猶如旅行」未必是較為優越、必須獨尊的，最主要的差別是迥異不同的體驗。在求學過程中，所有學生都需要獲得一些這樣的體驗，但部分有意願的學生可以選擇走得更遠，其間的差別不在於要到什麼地方去，而在於會用什麼方式去。

可是我們似乎不會旅行了

在 108 課綱實施之前，莫說「課程猶如旅行」，教學現場甚至很少有校長或教師具備「課程猶如地圖」的概念。長年由上而下頒布的課程綱要，在制定者心中，原來可能確實有一張地圖，不過攤派下來時，似乎已經變成拼圖，一片片分發給不同的教師施教。至於誰來確認已拼好全圖呢？說實在地，校長或教師都難以使上力，而遠離教學現場的制定者們亦無從得知。

因此，長久以來，我們的課程型態還真的十分符合原意，宛如跑馬道。絕大多數的校長、教師、學生們失去了地圖或讀圖能力，自然也就不可能旅行了。

108 課綱於 105、106 年正式推動後，由於課程制定、設計的部分權

力下放，一時之間，「課程地圖」喊得震天價響，於是，教學現場開始全面地、熱切地描繪學校本位課程地圖，擘劃學校願景、學生圖像。然而，在還沒有真正進入課程設計與實施，並且逐漸讓每一門課程的品質穩定下來之前，這些當年超前部署畫出來的地圖，幾乎都是想像圖，差別或許只在作文和美工能力的高下而已。

晚近兩、三年，隨著對於新課綱的體會和掌握越來越深入，已有不少學校逐漸踏實地完成「校本課程地圖」，細心地為學生布置多重「學習進路」，更重要的是，基於落實「探究與實作」、「自主學習」的政策要求，許多認真辦學的學校，開始在一些課程中嘗試引導及支持學生踏上「旅程」，去開啟知識的探險，拓展視野與能力。

但一段時日之後，不少校長及教師們才猛然發現：我們似乎不會旅行了，或者是，似乎不知道如何帶學生去旅行了。導致這樣窘況的原因其實不少，可能是：

1. 學生的先備經驗、練習不夠，無法適應迥異的學習活動。
2. 設定抵達的目的地太遠，超過學生目前的能力。
3. 提供給學生的裝備不對、不夠，導致無法適切地進行探索。
4. 目的地只有一個，路徑也是一條，無視於不同學生個別優勢能力或興趣之差異。

在這些問題的發生中，最麻煩的是教師自己並不清楚如何鑑定個別學生的狀況，如何引導探索，以及如何設定適切，但又具有挑戰性的目標。換言之，很有可能是在「跑馬道」上任教多年的教師，自己似乎不

再旅行，因此不會旅行了。

　　如果我們希望讓學生有不同的課程體驗，享受按圖索驥的樂趣，甚或是策馬旅行的驚奇，那就應該從「沒有課程是一座孤島」開始反思，企圖從整體的脈絡，重新設計一門門課程，先讓學生在「跑馬道」上練基本功，然後引導他們透過「地圖」，學習探索的方法，最後再讓他們「旅行」，在旅程中拓展視野，充實自己。

通往「旅行」的課程地圖

　　每一個學科／領域，無論數學、物理、國文、歷史、家政、體育等，其實都各有「地圖」，基本上都是按照「學科知識結構」所繪製的。這正是教師們都相當熟悉的一種「課程地圖」。

　　不過，在 108 課綱實施之後，原來的高中課程地圖不一樣了，原因是課程出現好多類型，除了部定必修之外，還有部定選修（加深加廣選修），以及校訂必修、選修（多元選修）等，再加上主導權移交給學生的「彈性學習時間」，林林總總，共同構成學生的總體學習經驗。

　　因此，就單一學科而言，理想的課程地圖繪製應該設法整合這些多樣的類型，並且回扣素養導向的學習。圖 11.1 舉「歷史」這個學科為例解說。

　　這份課程地圖包含了以下資訊：

1. 涵蓋高中全部必、選修課程，同時關注「歷史思考」的落實。
2. 從高一的部定必修開始布局，由史料析讀入手，逐步奠立歷史思

略讀、細讀 skim, close reading	判讀 interpretation	寫作 writing

<table>
<tr><td rowspan="2">史料析讀</td><td colspan="3">學習史料證據、時序觀念、歷史理解、歷史解釋　以寫作練習歷史思考</td><td rowspan="2">部定必修</td></tr>
</table>

史料析讀　　閱讀理解
史源、脈絡化　　➡　　批判思考
主張、論點、證據、推理
CAER　　➡　　論證寫作
（基礎寫作）　　部定必修

歷史探究與實作

以史料證據為基礎的專題探究與實作，多元化的課程學習成果如：

1. 學術寫作（閱讀心得、實察報告、小論文等）
2. 文藝創作（小說、報導文學、微電影、紀錄片等）
3. 器物製作（模型、地圖、桌遊、海報等）
4. 行動方案（口述歷史、史蹟保存、社區營造、主題倡議等）

多元選修

加深加廣選修

彈性學習時間

修改自：黃春木（2020）。教導高中生「歷史思考」學習的重要性及可行性探討。課程研究，15(2)，61。

圖 11.1　「歷史」學科課程地圖

考、探究與實作的基礎。

3. 史料析讀的實施，設立三個階段，從略讀、細讀、判讀，再以寫作加以演練與驗收。

4. 史料析讀的材料取自高一、二年級實施的部定必修、多元選修，整合知識內容與批判性閱讀的能力，藉以充實探究與實作的先備條件。

5. 統整運用高一下至高三上的多元選修、加深加廣選修和彈性學習時間，完成具有代表性的探究與實作作品。

6. 多元化的課程學習成果，預示了適性揚才，各自可以抵達的目的地。

其次，再來參考另一份同樣具有「旅行」指引功能的課程地圖（右頁圖 11.2）。

這份課程地圖旨在呈現校訂必修課程「專題寫作與表達」的主要學習重點，同時指引後續的學習進路，可以選擇運用多種探究與實作類型的課程，延伸、深化校訂必修的學習成果。

同時，無論校訂必修或延續的學習進路上各種課程，都聚焦於一樣的素養學習和素養評量，做為共通目標。我們必須體認一個顯而易見的關鍵：很少有學生可以只通過一門課程，就能熟悉素養導向相關的學習，並在評量中有穩定表現；唯有透過具有共通目標的不同課程相輔相成，歷經多次的學習遷移、轉化和應用，學生才可能獲得穩健、內化的素養。

關於學生如何進行閱讀理解、批判思考、論證寫作的基本觀念與方法，以及在探究與實作中應該注意的細節，除了前面兩個單元已有系統性的解說之外，另可參考先前已經出版的著作。

發展課程就是一趟壯遊

前文提到課程的三個隱喻，但這是針對學生學習來說的。就教師的課程設計而言，如果能夠體察「沒有課程是一座孤島」的精神，那麼即便是猶如「跑馬道」的課程，在設計、研發中，即應「瞻前顧後 / 承先啟後」，至少在同一學科領域中，要發揮課程統整的作用，連結多個課程，

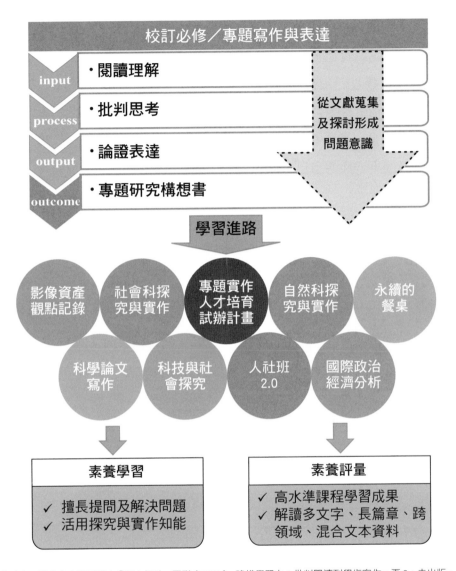

修改自：臺北市立建國高中「想方設法」團隊（2021）。建構學習力：批判閱讀到學術寫作，頁3。未出版。

圖 11.2　以「校訂必修」為起點的探究與實作課程地圖

彙整成一份屬於學科學習,且專為本校學生量身打造的「地圖」。就教育專業來看,這其實已是一次了不起的壯遊。

　　所以,讓我們由此再度展開一次次的旅行吧。讓我們因此成為嚮導,陪伴和指引學生奔向多元、精采的課程大地,展開屬於他們的旅行。

　　只要仍會出發去旅行,無論學生或教師,就有機會拓展眼界,解放心靈,帶回不一樣的自己。

第十二章

讓多元評量來導航

✓ 紙筆測驗或考試，只是多元評
量中的一種。學習的樣態有多
少，相對的評量形式就有多少。

✓ 讓學生寫考卷或學習單、做簡
報、隨堂抽問等，僅是在「蒐集
評量所需要的資料」。

✓ 要掌握評量的精神，應先了解
「逆向設計」，以及「評量即學
習」兩大概念。

✓ 「實作評量」最能呼應素養導向
的學習，其採用的工具通常是
「檢核表」或「評分量表」。

在課程設計及教學實施中，我們該在什麼時候開始思考「學習評量」呢？長久以來，多數教師總習慣在教學流程差不多告一個段落前，才來思考；在那個時間點，才能確認到底教授了什麼，強調了什麼，所以可以「考」什麼。

然而，有沒有可能在自己開始思考，或者社群共備設計學習評量時，才發現先前有一些學習重點沒有講解或學生練習不足（錯失部分的學習目標）呢？反之，是否也有可能耗費寶貴的時間講解、練習了事後看來關聯並不大的學習重點（混淆部分的學習目標）？

此外，另一種常見的錯失情況是，明明某一個關鍵的學習重點已經解說過，也讓學生練習了，但設計評量時卻遺漏了。等到其他教師看了教學檔案，一經討論，才發覺這樣的錯失。

這麼說來，將學習評量壓到教學流程最後階段再來思考及設計，未必是萬全之策。

當然，還需要澄清的是，一般我們說的「命題」往往是教師自編課堂測驗（teacher-made classroom test），也就是所謂的考試。不過，學習評量的範圍比考試大多了，換言之，教師可以用來檢核學生學習成就，乃至反思教學成效的方式相當多。

我們應該可以透過學習評量，重新認知課程與教學中這一個向來「既受重視卻又被輕忽」的關鍵環節。

多元評量，反映了教與學的精采

傳統上，採用紙筆測驗，尤其是以「四選一」選擇題來檢核學生，

反映了對於「學習」及「教學」的思考流於單一、狹隘。

在這種主流題型中，關心的常是標準答案。我曾經不只一次追問學生如何答對的，撇開猜對的、憑直覺的，或某種答題技巧不計，在那些認真思考的學生中，竟有多人的思辨或推理過程是偏誤的。換言之，選擇題的答題過程極可能是一個黑箱子，沒掀開，永遠難以了解學生是否真的學會了。

試問，答案對了，但思辨或推理過程有偏誤，這個事實該不該正視？

以上討論的用意，並非否定「四選一」選擇題的價值，而是希望反思，如果評量目的是希望檢視學生的思辨、推理、論證、同理、鑑賞、創造、小組合作、溝通表達、行動倡議或實踐、後設分析等學習，選擇題就不是合適的評量形式。

在 108 課綱的推動中，國中和高中的上課型態逐漸不再只是單向講授，而是更多地加入了師生問答討論、課堂實作，乃至學生透過小組工作進行文獻蒐集、觀察、訪談、調查等；或者，學生的學習成果不是僅經由寫考卷、寫學習單來呈現，而是加入其他的可能，例如寫一份實察報告或探究札記、創作一篇報導文學作品、設計一份導覽摺頁、拍攝 3 分鐘的微電影、辦一場海報展等。以上林林總總，越來越成為中小學校園中的日常，若再考量升學考試試題型態、招生方式的轉變等，往昔慣用的選擇題型，已無法充分檢核以上如此精采豐富的學習活動或學習成果。

關於「多元評量」（multi-assessment），用意不是廢掉教師設計選擇題的功夫，而是希望增強教師手中的多樣法寶，使得「評量」可以適切地搭配、彰顯「教」與「學」過程中彈性、靈活的多樣型態，並且除了結果的檢核之外，也同時強調動態歷程的關注，合宜地回應「以學生學習為

中心」及「追求教學卓越」的目標，促成「有意義的學習」。

表 12.1 正可以展現多元評量是如何回應、彰顯精采豐富的學習活動或學習成果，以及教師針對學習評量設計思考的多樣可能。

其次，我們都非常清楚，學生百百種，每個人的優勢智能、學習特質均不太一樣，加上彼此各方面的學習成就常互有表現，而單一學科學

▌表 12.1　多元評量設計檢核表

內容	類型（可複選）
目的多元	☐ 1. 回饋　　☐ 2. 診斷　　☐ 3. 預測
向度多元	☐ 1. 認知　　☐ 2. 技能　　☐ 3. 情意
過程多元	☐ 1. 安置性評量　　☐ 2. 形成性評量　　☐ 3. 診斷性評量 ☐ 4. 總結性評量　　☐ 5. 其他 ＿＿＿＿＿＿
情境多元	☐ 1. 教室內　　☐ 2. 教室外　　☐ 3. 真實生活 ☐ 4. 模擬情境　　☐ 5. 其他 ＿＿＿＿＿＿
方式多元	☐ 1. 紙筆測驗　　☐ 2. 實作評量　　☐ 3. 軼事記錄 ☐ 4. 口試評量　　☐ 5. 檔案評量　　☐ 6. 動態評量 ☐ 7. 遊戲評量　　☐ 8. 其他 ＿＿＿＿＿＿
人員多元	☐ 1. 教師　　☐ 2. 同學　　☐ 3. 學生自己　　☐ 4. 家長 ☐ 5. 其他 ＿＿＿＿＿＿
標準多元	☐ 1. 允許學生依自己的學習情境，調整達成率 ☐ 2. 所有學生統一標準 ☐ 3. 其他 ＿＿＿＿＿＿＿＿＿＿＿＿

習成就則常有不小差距。面對這個教室中的常態，恰當的對策自然是「差異化教學」、「多元評量」或「因材評量」，方能生動地實踐「因材施教」的理想。

評量，是辨識方位的工具

教師經常在評量學生，但針對學習評量，應先釐清一個基本概念。

當我們讓學生寫考卷或學習單、做簡報、完成實察報告、進行小組合作，或者隨堂抽問學生等，這種種方式還算不上是評量，僅是在「蒐集評量所需要的資料」。

真正的評量，出現在教師採用某種標準，檢視這些蒐集到的資料，加以判別學生的學習成果或學習表現。這些經過判別、解釋的結果，才足以轉為「證據」，可回饋給學生（進步或退步、長處或短處等），可反思教師自身的課程設計或教學實施，並且成為指引學生學習、教師教學

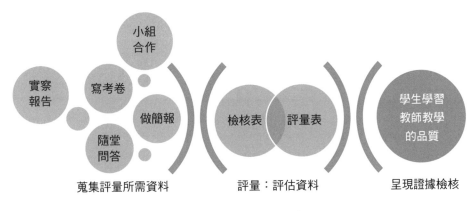

蒐集評量所需資料　　　評量：評估資料　　　呈現證據檢核

圖 12.1　評量的基本概念

往後改進的依據。所以說，評量是幫助學生、教師辨識方位的工具。

既然「評量」有助於學生學習、教師教學的方位辨識，為了增強其效果，我們可以進一步採用兩個重要方法：

1. 逆向設計（backward design）。這個構想與近年來常聽到的「以終為始」課程設計息息相關，以課程結束時預期學生能達成的成果，做為起點，來構思與設計全部的課程。逆向設計的精神強調在設計課程的一開始，教師就得先問自己：

   • 在學期或某單元最後一堂課結束時，希望學生有什麼樣的改變、進步？例如，某一個主題的學科知識能夠學會、能運用正反立場資料進行論述、能欣賞某一美術風格的作品等。

   • 為達成這些改變，應該採用或設計什麼樣的方式、工具、時程、標準，進行評量，並針對所蒐集到的學生學習成果等資料，加以判別與解釋？

   • 為達成這些改變，針對認知、情意、技能等學習，在教材、教

圖 12.2　逆向式課程設計

學模式、教學流程上，應該如何設計？

2. 「評量即學習」（assessment as learning）。其精神主要是鼓勵學生在自己的學習過程中，能扮演更主動的角色，運用教師事先設計好的評量規準，設定自己的學習目標、努力的方向及程度，並依照這樣的學習規準，隨時反思學習狀況，且即時進行調整。因此，評量即學習除了可以引導學生主動學習之外，亦能培養學生的自省及後設分析能力。要讓評量即學習得以產生，教師得有周延的規劃與執行：

- 在新課程學習初始，就得仔細說明學習目標、表現任務，同時公布具體的評量方式、工具、時程、標準等。
- 確實依照事先公布的評量方式、工具、時程、標準等，加以執行，並依據這些評量資訊，與學生進行溝通、諮詢、引導，以及要求。
- 教師所實施的評量，應確認是「學習成果的評量」（assessment of learning），以及「促進學習的評量」（assessment for learning）。

「學習成果的評量」是指教師所運用的多元評量，確實是針對預設的學習成果所進行的評量，以便確認學生達成學習目標或學習規準的情況。「促進學習的評量」是指教師運用多元評量，透過所蒐集的證據，據以了解、判別學生的成長情況與學習需求，並做為教學反思依據。更重要的是，評量的結果主要是用來幫助學生及教師自己，省思與決定「學習」、「教學」的進一步規劃。

除了採用以上方法來增強評量的「方位辨識」效果，還可以運用適當的操作工具促進目標的達成。

　　在評量階段，一般採用的判別模式可以大分為二：一是「通過／不通過」，二是「給予等級、分數或質性回饋」。至於操作的工具，教師最熟悉的當然是「標準答案／參考答案」，語文領域教師因為要批改學生的寫作，所以會使用「評分量表」（rubrics）。例如國中教育會考的「寫作測驗評分規準」，將學生表現區分為六級分，藉以「評量國中畢業學生表達見聞與思想的能力，其中包含立意取材、結構組織、遣詞造句及標點符號等寫作能力」。至於大學入學學科能力測驗，針對「國語文寫作能力測驗評分標準」也是採六級分評等。

　　依照先前的經驗，在學校日常的教學和評量活動中，適合所有科目採用的評量工具，首推「檢核表」（check list），以及「評分量表」（或稱評分指標、評分尺規、評量規準）。

　　檢核表，通常就是檢核有或沒有、好或不好之類的情況，以比較精簡的時間，就學習重點，讓教師進行評量，或讓學生進行自評、互評，而評量的目的往往是形成性的，藉以扼要地診斷、提醒學生應注意的學習內容、程序或方法，並讓教師可以即時評估是否該介入協助。請見表12.2、表12.3。

110 學年度的
六級分評分規準

111 年度，針對評分規準
做出調整的相關說明

110 學年度的詳細說明
和考生作答情形分析

▌表 12.2　專題研究歷程與成果檢核表

時間	階段	向度	檢核重點	檢核	
				是	否
8月至11月	專題研究建構	主題訂定	·積極主動尋找主題	☐	☐
			·主題具有明確的問題意識	☐	☐
			·主題具有研究的可行性	☐	☐
			·主題具有新穎性	☐	☐
			·題目簡要精確	☐	☐
		研究動機	·從個人至時空脈絡敘述研究緣起	☐	☐
			·研究動機敘述條理分明	☐	☐
			·研究目的與研究動機契合	☐	☐
		研究問題	·研究問題的設定切實且可執行	☐	☐
			·研究問題描述清楚扼要	☐	☐
			·研究問題與研究目的契合	☐	☐
9月至隔年3月	專題研究執行進度	文獻探討	·有效應用資料庫、網際網路蒐集資料	☐	☐
			·能蒐集不同來源、類型的資料	☐	☐
			·能從文獻探討中釐清研究方向及重點	☐	☐
			·文獻探討與研究問題、目的契合	☐	☐
			·清楚註明出處來源	☐	☐
		研究設計	·主動尋找適合的問題解決方法	☐	☐
			·能參考前人的文獻設計出合適的問題解決步驟	☐	☐
			·研究設計說明清楚，且可操作	☐	☐
			·訂定可執行的研究時程	☐	☐

（接下頁）

時間	階段	向度	檢核重點	檢核 是	檢核 否
9月至隔年3月	專題研究執行進度	研究方法及資料處理	· 掌握必要的一手資料	☐	☐
			· 二手資料運用合宜	☐	☐
			· 運用適當的資料處理方式	☐	☐
			· 資料處理方式具有文獻基礎	☐	☐
			· 資料處理方式與研究方法契合	☐	☐
		研究行動	· 依據訂定時程逐步完成	☐	☐
			· 積極主動地解決研究過程中的難題	☐	☐
			· 有正向的方式抒發研究過程中的壓力	☐	☐
			· 能與人／單位合作完成研究	☐	☐
			· 能定期完成研究札記的撰寫	☐	☐
3月至5月	專題研究成果報告（含正式發表會）	研究結果	· 有效能地整理所蒐集到的資料	☐	☐
			· 依據所蒐集到的資料說明結果	☐	☐
			· 善用表格圖示解釋所蒐集到的資料	☐	☐
			· 歸納的結論有憑有據	☐	☐
			· 研究結論能與研究目的、文獻探討呼應	☐	☐
			· 研究省思、回饋與研究結論契合	☐	☐
		書目附錄	· 參考文獻格式適當	☐	☐
			· 附錄資料有助於理解研究歷程或依據	☐	☐
		簡報	· 簡報主題、背景與目的陳述清楚	☐	☐
			· 簡報架構完整、內容脈絡清晰	☐	☐
			· 善用多媒體輔佐口頭說明	☐	☐
			· 口語表達清楚	☐	☐
			· 台風穩健	☐	☐
			· 時間掌握精準	☐	☐

資料來源：《我做專題研究，學會獨立思考！》（增訂版）。頁40-41。

表 12.3　PowerPoint 檢核表

向度	檢核重點	是	否
內容呈現	標題能將○○的主題明確呈現	☐	☐
	能簡明介紹○○的內涵及意義	☐	☐
	能引用相關圖文呈現○○之特色	☐	☐
	文句語詞使用具正確性及流暢性	☐	☐
	能統整相關資料提出心得分享	☐	☐
	內容的分類與層次分明	☐	☐
	承接與轉折明確，富邏輯性	☐	☐
PowerPoint 製作技巧	版面編排精美，富有創意	☐	☐
	圖文的用色及大小方便閱讀	☐	☐
	圖文、背景的搭配得當	☐	☐
	動畫效果的設計得當	☐	☐
	音效或配樂運用得當	☐	☐
	投影片切換順暢	☐	☐
	加深聽眾對主題內容的認識與興趣	☐	☐
	能突出內容重點	☐	☐
	作品能達到宣傳目的	☐	☐

（接下頁）

向度	檢核重點	是	否
現場發表	能事先妥善完成工作分配	☐	☐
	能預先準備好投影設備	☐	☐
	能事先測試檔案可以順利播放	☐	☐
	能問候聽眾並自我介紹	☐	☐
	能説明報告大綱與小組分工	☐	☐
	口條流暢；用詞精準；咬字清晰	☐	☐
	聲調富抑揚頓挫；能恰當地掌握音量大小	☐	☐
	善用手勢與眼神接觸吸引注意力	☐	☐
	能精準掌握報告時間	☐	☐
	能在報告後表達感謝	☐	☐
	能從容地上台與下台	☐	☐

資料來源：《我做專題研究，學會獨立思考！》（增訂版）。頁 42-43。

　　如果教師對於學生應注意的學習內容、程序或方法，是相當清楚的，設計檢核表的工作通常相對簡單。至於評分量表，由於中文翻譯尚未一致，因此也常會看到直接使用「rubrics」來指稱。

　　基本上，我們可以將檢核表視為評分量表設計的預備，只要將「是／否」欄，置換為「表現等級」（或稱「評量尺度」）即可。表 12.4 是 PowerPoint 評分量表的示例。

表 12.4　PowerPoint 評分量表

評量向度 ＼ 評量尺度	達人	老手	學徒	生手
內容 關於內容的熟悉度與素材選擇，能否助於了解主題	熟悉報告主題，能選擇貼切的素材或例子，並加以闡述或解釋。	熟悉報告主題，能選擇有助於聽眾了解的素材或例子。	稍有涉獵主題，素材或舉例僅能讓聽眾略為了解主題。	對報告主題陌生，選材與舉例不當。
組織 關於報告內容的組織與邏輯性	內容的分類與層次結構分明，且承接與轉折明確，前後呼應，富邏輯性。	已能按照某種順序呈現內容，留意承接與轉折處的邏輯性。	呈現的內容已明顯區分出若干個部分，但次序的邏輯性不足。	呈現的內容欠缺組織結構，幾乎沒有邏輯性。
PPT 應用 關於 PPT 的重點呈現，視覺美感，及輔助說明的功能	版面編排美觀、清晰，能突出報告大綱及內容重點，加深聽眾對主題的了解。	大綱之下，還能呈現報告重點，且版面視覺清晰，閱讀無礙。	能粗略地呈現報告大綱，字體太小或配色不當，造成閱讀障礙。	版面閱讀困難，或呈現內容與報告主題幾乎無關。
表達能力 關於口語表達的基本要素與演說技巧	表達流暢，有抑揚頓挫，能善用技巧與聽眾互動，確認聽眾了解報告內容。	表達堪稱流暢，用詞、咬字、聲調、手勢或眼神等有助於聽眾了解報告內容。	表達仍出現明顯的停頓或重複，但大致有傳達出報告的內容。	無法向聽眾進行清晰的表達，例如語焉不詳、音量太小、眼神完全不關注聽眾。

資料來源：修改自《中學專題研究實作指南》。頁 304。

實作評量，將學習導向素養的培成

　　從學生的學習結果來看，關於「概念」的評量，通常採用口頭詢問、口試、紙筆測驗或情境測驗等；關於「方法」的評量，著重過程技能（process skills），通常以實作方式進行；關於「態度」的評量，比較難以客觀檢核，通常會同時採用行為／態度評量表、行為檢核表、自陳量表、個別晤談等，進行比對與綜合研判。

　　針對學生的專題探究與實作或高層次思考的評量，由於著重「過程」、「在真實情境中的認知或非認知表現」，因此偏好採用實作評量進行檢核與評估。事實上，這就是 108 課綱所強調的素養評量重點。

　　實作評量主要是由教師依據與學習結果應用情境類似的模擬測驗情境，加以編擬。原則上，所評量的都是可見的行為表現。實作評量旨在評量學生如何將「所學所知」，理解轉化為在真實情境中的表現或行動的

1-1 敘寫「帶球上籃」的技巧

2-1 說明史料能成為「證據」的關鍵

1-3 在班際籃球賽中能流暢地帶球上籃得分

2-3 實地蒐集具有證據效力的921大地震史料

實作評量　　　　真實評量

1-2 練習帶球上籃

2-2 討論研究921大地震可用的史料

圖 12.3　在問題情境不同的真實程度中所進行的評量

能力；如果測驗情境就在日常生活或社會行動、科學研究、職場等實地脈絡中，此時的實作評量即是「真實評量」。

進行實作評量所採用的工具，通常以檢核表、評分量表為主。誠如先前說明的，可以將前者視為後者設計的預備，因此以下直接挑選比較讓教師們傷腦筋的評分量表，扼要解說設計的要訣。

1. 評分量表的設計步驟，主要是：
   - 確定學習目標、能力表現等。
   - 將學習目標轉化為評量向度，建議以 3-5 個為宜。可依照重要性，將學習向度設定不同的權重。
   - 設定表現等級。
   - 設計、描述各個表現等級底下的評量項目。評量項目的敘寫，應該呈現「可見」的行為，例如能說明、舉例、蒐集資料、比較、區分、解釋、歸納、同理、推論、檢視、批判、評估、後設分析、應用、規劃、倡議、執行、示範、團隊合作等。
2. 評分量表可分為「整全式」、「分析式」兩類，大學學測或國中會考語文科採用的是整全式，表 12.4 關於 PowerPoint 評量，屬於分析式。就設計難度而言，因為整全式只有表現等級，不細分評量向度，所以容易一些，也比較接近教師們平常的評量習慣。一般而言，如果評量向度各項目的表現性質具有高度相關，採用整全式較為適宜。
3. 評量向度及表現等級的設計，建議上網搜尋現有的評分量表加以修改，iRubric（www.rcampus.com/indexrubric.cfm）及 Rubric Maker

（rubric-maker.com）這兩個網站值得參考。不過，在性質上，評分量表屬於教師個人的、在地的，因此蒐集現成的評分量表之後，通常都需要針對評量向度、表現等級，進行取捨和調整。

4. 教師也可以 DIY 評分量表。以全班學生在地理實察之後填寫的學習單為例，教師事先設計學習單時，已根據自己的專業，設定四個評量向度；教師在批閱全班學習單時，已經分別給予 1-4 分的評量。DIY 評分量表的做法，即是教師將給予 1-4 分的表現等級加以反思、分析、歸納。透過這個方式，就可獲得整全式評分量表。
接著，可挑選大約 15 份，包含 1-4 分的學習單（分數要遮掩），影印 2-3 份，邀請 2-3 位同事評閱。評閱之後，隨即一起討論，釐清與修改先前完成的整全式評分量表。如果大家有共識，甚至可以共同發展為分析式評分量表。我曾經帶領過這樣的討論過程。由於教師們都有多年教學經驗，這份一起完成、具有共識的「地理實察」評分量表（分析式）初稿，是在 1 小時的研討中確認的。

5. 上述由教師們針對「地理實察」學習目標所共同完成的評分量表，其內容若都能扣緊學習目標，這就具有「內容效度」。而各個評量項目，確認都能歸屬於正確的向度及表現等級中，彼此沒有模稜兩可，這就具有「構念效度」。如果評分量表的描述適合學生的閱讀與理解，這就具有「表面效度」。以上三種效度，以教師們多年任教所累積的專業經驗，基本上是可以經由研討而確立。

6. 關於信度，應該注意的是「評分者一致性」。建立的方式是以上述的初稿為參照，教師們共同批閱另一個班級的學習單，將每個人的評分透過統計方式（例如肯德爾和諧係數）加以考驗，確認是

否達顯著水準。經過以上程序而修改完成的評分量表，通常就能具有良好的評分者一致性。臺北市立建國高中目前實施的校訂必修課程「專題寫作與表達」，其實作評量的效度和信度就是這樣子建立的。

7. 多數教師認為，「表現等級」的設計與描述，相當不容易。就此而言，合宜的技巧包括：

- 等級（尺度）設定為 0-2 或 0-4，避免「趨中」。例如若是 0-3，可能會有過多的學生獲得 2。或許教師會質疑，若設定 0-2，級距會不會太少？其實不會。因為，一份評分量表通常會有多個評量向度，假設是 4 個，4×2，總得分不至於太少。再者，考量循序漸進，先練習設計 0-2，比較容易上手。

- 0 指的是毫無表現。只要學生有表現，應該儘量給予鼓勵。此外，為了避免使用硬邦邦的等級或分數，可斟酌改用「生手／學徒／老手／達人」之類，或其他有趣但又有指引效果的詞彙。

- 等級之間的區隔，最好不要使用數量、百分比，或是含糊的「部分／大部分／全部」、「絕少／常常／總是」等。下頁表 12.5 舉例說明，並提供修改建議。

- 同一個等級內，最好不要參雜一個以上的評量項目，這會造成判定上的混淆。不過，如果評量項目彼此是有高度關聯的，倒是可以利用這樣的關聯做出高、低表現的區隔。表 12.6（第 195 頁）舉例說明，並提供修改建議。

為了呼應學生的多元智能、不同的學習特質與模式，同時落實高層

表 12.5　文章寫作或海報設計：依據主題提出個人想法

	等級 4	等級 3	等級 2	等級 1
原設計	可提出 5 個以上的個人想法，且幾乎每個想法都與主題有關。	可提出 3 個以上的個人想法，且幾乎每個想法都與主題有關。	可提出 1-2 個的個人想法，部分想法與主題有關。	無法提出個人想法，或提出之個人想法與主題無關。
修改建議	可提出個人想法，且想法間的關聯可凸顯主題之討論。	可提出個人想法，且幾乎每個想法都與主題有關。	可提出個人想法，但與主題沒什麼關聯。	有想法，但都是從老師提供的資料中擷取。

次思考的實作，以及彰顯多樣態的學科知識屬性與課程主題，採用多元評量來搭配，才足以「映照」這樣的多元面向。此外，也能促成「辨識」，透過評量，將可以積極促成「學生學習」、「教師教學」的檢視、反思與精進。

　　經由教師們一起設計及實施實作評量，可以拉近教師與學生之間，以及教師之間的距離，幫助教師「看見」學生的學習成果，以及「看見」課程與教學的動態歷程。藉助檢核表或評分量表，教師可以針對學習目標，更有效地與學生或同事展開溝通、進行回饋，這便能在教學現場促成課程的公共化，體現「沒有課程是一座孤島」的精神，促進課程統整，乃至跨領域課程設計的產生。

▌表 12.6　專題報告、小論文：文獻引用格式

	等級 4	等級 3	等級 2	等級 1
原設計	報告中所有資料（包含觀點與圖表）皆有引用資訊，且有建立參考資料目錄。引用文字符合特定格式規定。	報告中多數資料（包含觀點與圖表）有引用資訊，且有建立參考資料目錄。引用文字大多符合特定格式規定。	報告中有少數資料具引用資訊，且有建立參考資料目錄。引用文字格式並不統一。	報告中沒有註明資料引用資訊，或是並未整理參考資料目錄。
修改建議	報告中所有資料（包含觀點與圖表）均有註明引用資訊，且已依照統一的格式（如 APA），彙整引用的參考文獻。	報告中多數資料（包含觀點與圖表）均有註明引用資訊，且已彙整引用的參考文獻。	報告中多數資料（包含觀點與圖表）均有註明引用資訊。	報告中不曾或多數資料未能註明引用資訊。

4

第四單元

高層次思考的
課程設計

第十三章

以理解為目標
的教學

✓ 致力於「概念性理解」，才能讓教師從巨量知識點的「教得多」中解脫出來。

✓ 教師應了解「概念性理解」是如何產生的，進而成為課程的設計師、指導學生學習的專家。

✓ 透過「以理解為目標」的教學，致力於讓學生學會了，教師才算是「教完」。

回想一下，在我們的教師生涯中，曾經有多少次在教室中趕課或補課？這通常是因為放假，某些班級短少了上課時數，偏偏考試在即。另一個主要原因則是課綱調整，讓一些我們向來認為很重要的知識內容消失，一方面可能是自己覺得「過不去」，另一方面則擔心考試很可能還是會拿來命題，深怕學生過不去，因此必須補充、回填。

　　但我們是否評估過，在快速地傳遞爆量「知識點」給學生時，他們能不能消化得了？如果我們無法將爆量「知識點」有組織、有次序地講解，引導學生思辨與理解，這樣子的趕課，有用嗎？有沒有另外一套方法，在讓學生確實有收穫的同時，教師教學也能從容不迫？

有些教師總是可以做到「教得少，學得多」

　　趕課，往往是加快課程進行的節奏，原來預設的師生問答、隨堂練習一概免了，就是一路「狂飆」，甚至只講結果、結論，不再循循善誘、因材施教。至於補課，受到波及的層面就更大了，可能是早自習、午休、放學後，乃至開口商借體育課、家政課、音樂課等，或是理組班借社會科教師的課，文組班借自然科教師的課，總之，教師自己絕不「偷工減料」，至於學生是否哀鴻遍野、囫圇吞棗，被拜託把課出借的同事是否竊竊自喜，或敢怒不敢言，也就一概不管了。

　　但是，為何總有不少教師不曾趕課或補課呢？撇開一些「逍遙派」或「放牛（吃草）派」作風不談，有些教師早在學期初就依據學校行事曆、課綱規範的學習重點、教科書的課程架構、自己多年教學心得等資訊，仔細安排學生的學習進度，而且也設計了講義、學習單，以及隨堂

評量等。他們調整的，主要是課程中知識內容的「量」，可多可少，但關鍵事實或資訊、基礎知識、核心概念、主要問題等，絕對優先掌握，因為，讓學生學會這些學習內容與學習表現，才是最重要的目標。

與其斟酌要舉多少例子、提供多少知識內容及資料、練習多少試題等，不如好好思考，有哪些知識、例子、資料或資訊是必要的？應該如何組織、呈現、解說這些學習素材，才能促成「概念性理解」（conceptual understanding），達到事半功倍、舉一反三的學習效果？

其實，專家教師或生手教師的真正差別，就在這裡。能成為專家教師，往往不是因為教得多，而是教得「巧」。這個「巧」，關鍵就在於「以理解為目標的教學」（teaching for understanding），而且往往還會產生「教得少，學得多」（less is more）的效果。

學習內容不應是孤立的

讓我們再回想一下。為何要教武則天、機率、白努力定律、GMO（基因轉殖生物）、GIS（地理資訊系統）、〈醉翁亭記〉、公平貿易……？

上述有些學習內容，若從「量」的角度計算，或許只能分配到幾分鐘的時間，譬如在「唐代歷史」單元中的「武則天」。假如「唐代歷史」只夠分配到三節課，而要教授的內容很多，或許只能分配 5 分鐘給「武則天」。

偏偏在新課綱中，「唐代歷史」篇幅大幅縮水，更無「武則天」地位，但有些教師難以接受這樣的安排，仍硬擠出一點時間多交代「唐代歷史」，也順帶提了「武則天」。

然而，我們得追問幾個問題：在有限的課程時數中，非要教授「武則天」的理由是什麼？更進一步的問題是：讓學生學習「唐代歷史」，是希望他們學會什麼？預期這樣的學習，可以帶來什麼啟發或影響？非要教授「武則天」，是基於這樣的教學專業思辨嗎？教授「武則天」，對於理解「唐代歷史」有多麼關鍵？若真的是關鍵，5 分鐘，足夠讓學生理解這樣的關鍵嗎？

我曾經與一些歷史教師、修習師資培育學程的歷史系所學生，進行類如「武則天」這般涉及「課程選擇」（curriculum selection）的一連串討論，最後常是一陣沉默，討論難以繼續，因為許多基於歷史學的理由，轉換到中學歷史教學的脈絡中，合理性或可行性不復存在。

在進行課程設計時，如果總將大部分心力優先放在知識內容，或事實、示例上，往往就會墮入幾乎無限量的加法，教師們認為的重要資訊、知識點實在太多了！

這時候，我們就應該停下來，由上而下，思考圖 13.1 所呈現的問題。

換言之，在有限的教學時數中，該不該教「武則天」，至少是由「唐代歷史」、「歷史教育」這兩個上位概念、教學理念或學習目標所決定的。在這樣的思考中，「武則天」不應該被當成孤立的事實來呈現。若真有學習的必要，那是因為「武則天」關聯到至少一個足以貫通唐代歷史發展的探究軸線。正是因為連結了軸線、脈絡、關鍵、邏輯、結構、系統……，因此，像「武則天」這樣的學習內容才具備了學習的意義。

無論教導哪一個科目的教師，至少應該以「學期」為單位，針對所有的學習單元，以及其中的學習內容，進行像上述這樣的思辨行動，把個別的資訊、知識內容、示例、能力表現等，運用自己的理解加以串

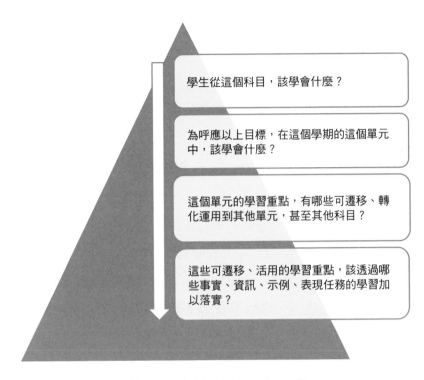

圖 13.1　由上而下的課程設計思考

連、統整起來。

　　這就是建構「以理解為目標的教學」的基礎。

「概念性理解」、「以理解為目標的教學」是什麼？

　　課程設計與教學的最重要目標，應該是把具有學習意義的知識、情意、技能等，想方設法讓學生學會。因此，教師對於課程必須有統整的設計。怎麼進行呢？

對於教學經驗還比較有限的教師，經常在趕課、補課的熱血教師，或者想要讓自己的教學品質更上一層樓的教師，我的建議是先採取「bottom up」設計思考，檢視個別學習單元的教學計畫（或教案），關注焦點放在：

1. 不能只是「意會」或「揣度」，而是確切評估「單元的教學時間」及「學生的先備知識與經驗」。這兩個因素的考量，至少是和課綱、教科書上的學習重點同等重要。
2. 所設定的學習重點中，有哪些屬於「認識／記憶」性質的學習？在這些「認識／記憶」性質的學習當中，有哪些將會構成「辨識／概念連結／理解」性質學習的基礎？
3. 有哪些「辨識／概念連結／理解」性質的學習，應該加以關注，並設計到教學活動中？
4. 該選擇哪些事實、資訊、示例、表現任務等，促成從「認識／記憶」轉化到「辨識／概念連結／理解」性質的學習？這些學習材料或活動，應如何設計及組織？

如果我們希望促進學生的高層次思考、活學活用的能力，教師就不能只是一頭栽進「事實」或所謂「知識點」的認識／記憶性質的教學，務必記得跳脫出來，追問自己一個問題：這些事實性的學習重點，可以連結或歸納出什麼樣的通則、原理或大概念、基本能力、素養學習呢？

「以理解為目標的教學」，就是要從點，拓展到線、面、立體空間，乃至加入時間向度（時間軸），促成學習活動從知識點的認知，進而聚焦

於「通則／原理」或「大概念」、「基本能力」的精熟。

　　換言之，要想掌握「通則／原理」或「大概念」、「基本能力」，學生通常得將若干個事實、資訊、知識點加以辨識、連結，乃至舉一反三、試用或模擬、練習與應用等。這些從辨識到應用的表現，都是「理解」正在運作的行為表徵。

　　因此，以「通則／原理」或「大概念」、「基本能力」為本，運用某種邏輯或脈絡來整合「認識／記憶性質」的學習，正是邁向「辨識／概念連結／理解」性質學習的起點。

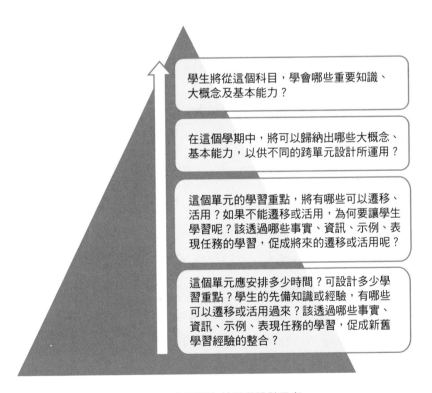

圖 13.2　由下而上的課程設計思考

至於教師怎麼知道有哪些「大概念」、「核心能力」是必要的呢？這通常需要花一點時間才能逐步釐清與確認。初步最方便找到的資訊，應是 108 課綱中的各領域綱要，但多半還需要透過自己的理解、轉化及修改，使用起來才比較稱手。

教師是設計師，而非操作工

教科書是死的，教師是活的，學生也是活的；至於考題，在強調素養學習的趨勢中，似乎是越來越活。因此，教科書出版商努力開發繁多的周邊產品，設法豐富及活化教科書的內容，服務教師的教學或學生的學習。雖然有鮮明的商業考量，但實質上也是在補教科書之不足。

但即便在教科書之外，參考、採用這些周邊產品，教師的教學還是不太可能照本宣科。為了進行深入的討論，我們可以借助以下關於「課程」五層次的細緻分析：

1. 理想的課程：通常是基於學術研究，或是某種社會價值、國家政策、國際視野等所期望的。
2. 正式的課程：國家所制定的課程綱要、審定的教科書等。
3. 知覺的課程：教師所了解、取捨、準備、組織的課程、教學計畫等。
4. 運作的課程：教師實際執行的課程，常因上課過程中出現的各種情況，臨機應變。
5. 經驗的課程：學生在上課過程中實際學到、體會的學習經驗與學

習成果。

教師的專業角色與任務，主要集中在 3、4。但如果是校本或校訂課程，就會向上涵蓋 1、2，相關課程計畫及自編教材等，則由學校依法設立的課程發展委員會加以審議通過。至於在教室中實際發生的課程，則是 4、5。

從教師的立場來看，上述五個層次課程的遞移及轉化，顯然地，「教師」居於樞紐的位置。不同教師所知覺的正式課程，是有差異的；隨著生涯中的專業成長或人生歷練，同一位教師在職涯不同階段所知覺的同一正式課程，也常會出現變動。

從另外一個角度來看，教師的知覺課程經常是在衡量學生的條件，乃至社會的變遷、學科知識的發展中，加以調整。（第六章）

這些事實告訴我們，從正式課程轉化到知覺課程，教師發揮的作用十分關鍵。知覺課程不應該，也很難是忠實地履行全國一致的課程綱要，或者某版本教科書。因此，教師應該是課程的設計師，而不是知識生產線上的操作工人。

在以理解為目標的教學中，為了教出高階思考力，教師如何知覺正式課程，並加以設計、轉化為適合學生的課程呢？以下舉例，說明這樣的基本理路。

根據 108 課綱，學生在 11 年級數學課會學習「條件機率」、「貝氏定理」。教師應該在上課前，先行了解學生在數據分析、有系統的計數、複合事件的古典機率等單元（10 年級課程）的學習情況，此外也應思考，「條件機率」、「貝氏定理」的學習，將來到了 12 年級時要如何連結到

離散型隨機變數、二項分析等單元的學習。套用時下流行語來說，就是「鋪哏」，選取一些時事或具體情境中的實例，用來觸及 10 至 12 年級的這些單元，以預先說服、先入為主的策略，引導 11 年級的學生，集中注意力在教師希望他們學會的邏輯、推理或論證上。

更重要的是，教師應該清楚，無論採用的時事、具體情境中的實例，或是要教導的這些相關單元，都可以歸納到「資料與不確定性」的學習主題下。數學教師若能生動地讓學生了解「資料與不確定性」，探究機率思考、常態性分配、因果推論，乃至如何多方蒐集資料進行假設及預測等課題，而不只是一直停留在反覆地計算和解題的話，這整個主題的系列學習，就很有可能順利地在 10 至 12 年級間展開遷移、活用，並且更為深廣地支持自然科學（例如氣候變遷與天然災害的趨勢分析）、人文及社會科學（例如社會資源分配與性別不平等）等學習，當然也就大大地擴充了數學的影響力。

知覺課程的設計，好比是「佈局」，性質上屬於「策略」（strategy），一種總體性的規劃。這應該是教師展現專業能力的首要之處。

相對而言，運作的課程比較著重具體、短期目標的達成。為此，在知覺課程的布局與實踐中，還得講究一種安排的技巧或方法（tactic / method）。譬如，比較能夠踴躍發言的班級，教師可以放手讓學生提問；但相當靜默的班級，教師可能就要採用小組競賽的方式，激發學生的發表動機。但無論課前如何精心設計，教室中實際發生的情況，教師依然難以完全預料，而且不同班級的情況經常大不相同，需要見招拆招。這些臨機應變所累積的經驗與心得，將會淬煉出高超的技藝（art）。消極而言，是維持課程順利運作，讓學生參與到課堂的學習中；積極而言，則

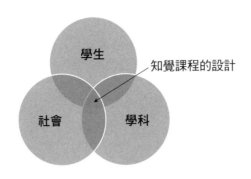

圖 13.3　衡量與統整學科、學生、社會面向的知覺課程設計

是激發有意義的學習，學生得以進行高層次思考。

　　「以理解為目標的教學」更應該講究知覺課程的設計，以及邏輯性或者脈絡化的布局，當然，這個布局也已經預設了課程在教室中將如何運作。

　　從「知覺課程」到「運作課程」的設計和實行，更凸顯了教師的重要性。「教師」這行業不應是趕課、補課的「勞力密集」工作，或只是擅長搬運、組裝正式課程到教室中的教書匠而已。教師應該是能夠在「學科」、「學生」、「社會」中慎思明辨、富有創意的課程設計師。在這樣的課程設計中，也能展現教師是能夠引領學生進入以「理解」為基礎的高層次思考的指導學習專家。

「學了多少」，永遠比「教了多少」有意義

　　一味關心把正式課程中的知識點、歷年考古題教完的教師，通常會設法忠實地在知覺的課程中組裝正式的課程，並且致力於要求所有學生

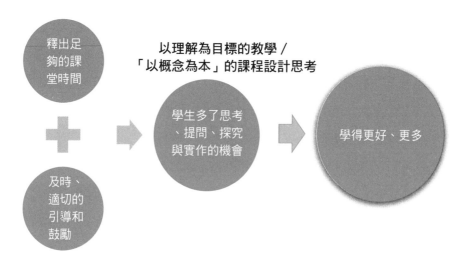

圖 13.4　體貼、有耐心，而且是深具信心的課程設計思維

「就範」。滔滔不絕，讓運作的課程高效率地落實知覺的課程，務求沒有意外，沒有差異。這樣的教師大概只會在意「學科」，鮮少關心學生，尤其是低成就學生，也很可能不曾設想要將教室與社會、國際的具體情境做出連結。

　其實，教師的教學節奏緊湊，將知識點塞滿整堂課，學生就只會一直待在以「記憶」為主的認知學習中，應接不暇，很難獨自在教師單向的講述中產生理解。要讓學生有所理解，通常需要教師在教材、教法上的巧思設計，釋出課堂時間給學生。

　當然，或許有少數學生在上述慣常的教學模式中，仍能舉一反三。但他們依靠的，可能只是反覆練習後的熟能生巧，未必真的進入了辨識、理解、分析、推論、統整、批判、創造等高層次思考活動。況且，即便他們有能力進行高層次思考，但在「緊湊」課堂中，應該是苦無機

會施展吧。

要讓學生確實學會什麼，訣竅就在於讓他們擁有足夠的時間與及時、適切的引導和鼓勵，能夠進行思考、提問、探究與實作練習。在這樣的學習歷程中，學生才能覺察、發現教師為這個單元所預先安排的學習邏輯或脈絡，將個別的知識點串聯起來。有了這樣的串聯，他們才終於有機會、有辦法統整這些基礎的知識點，進行屬於他們自己的加深加廣學習。

這種學習機會的營造，自然是體貼的、有耐心的教師所設計出來的。教師釋出時間給學生，這絕不是偷懶，而是代表教師對學生、對自己的信心。教師相信，只要經過適當的鼓勵和引導，學生可以展開有意義的學習。而教師一旦放手讓學生自行學習與探究，自然也意味著對於即將面對學生高度的個別差異，有了「不怕麻煩」的充分準備。

在過去，所謂個別差異，經常是指成績落差的懸殊。但學生之間的真實差異，其類型或程度往往不止於此，即使是指標性高中的學生，情

以理解為目標的教學／「以概念為本」的課程設計

圖 13.5　由「學會」通往「教完」的關鍵路徑

況也是如此。當教師認真規劃一部分的上課時間給學生進行學習時，就只是這樣一個改變的開始，已經足夠給自己掀起近乎「翻天覆地」的教學變革，因此，這樣的教師顯然也是勇敢的！

教師應該致力於讓學生「學會」，唯有學生學會了，教師才算是「教完」。「教完」，至少應該是在「學科」及「學生」當中的衡量，而「以理解為目標的教學」，正是由「學會」通往「教完」的關鍵路徑。

依循這樣的理路，下一章我們將進一步探討「以概念為本」的課程設計。

第十四章

以概念為本的課程設計

✓ UbD 或 CBCI 旨在促成「概念性理解」、「高層次思考」和「學習遷移」。

✓ 著重「通則」，既能實現「課程統整」的目標，也能促成學生進行「學習遷移」。

✓ 無論學習重點、學習評量，或者教學歷程，均以處理和回答「主要問題」為核心而展開。

✓ 「學習目標」是綜整所有的課程設計思考而邏輯地歸納、推導出來的，並非憑空設想。

要促成「以理解為目標的教學」，自然得仰賴以概念為本（concept-based）的課程設計。唯有促成學生優先落實「概念」的理解，包括從「事實」歸納為「概念」，和掌握「概念之間」的關係，才可能讓學習活動有結構、有成效，不會流於零散知識點的死記死背。這一層道理並不難懂，難的是要如何在課程與教學上加以實踐？

過去十年間，臺灣教育界逐漸熟悉「重理解的設計」（Understanding by Design, UbD），以及「以概念為本的課程與教學」（Concept-Based Curriculum and Instruction, CBCI）。這兩套學說成為推動 108 新課綱「素養」教學的依據。UbD 的主要參考，取自：

- 格蘭特・威金斯（Grant Wiggins）、傑・麥克泰（Jay McTighe）合著《重理解的課程設計》、《重理解的課程設計——專業發展實用手冊》。

CBCI 的主要參考，取自：

- 琳恩・艾瑞克森（H. Lynn Erickson）、洛薏絲・蘭寧（Lois A. Lanning）、瑞秋・法蘭琪（Rachel French）合著《創造思考的教室：概念為本的課程與教學》。
- 艾瑞克森、蘭寧合著的《邁向概念為本的課程與教學：如何整合內容與歷程》。
- 卡拉・馬修（Carla Marschall）、法蘭琪合著的《概念為本的探究實作：促進理解與遷移的策略寶庫》。

108課綱的「素養導向」課程與教學，十分強調要提供學生「鷹架」，然而，如何從傳統的「知識傳遞」課程觀，順利轉換為以學生「能力發展」為主軸的「素養導向」課程觀，教師們自己所需要的「鷹架」又何在呢？「重理解的設計」及「以概念為本的課程與教學」，適時發揮了「鷹架」的功能。

不過，在教學現場如何參採、轉化這樣的鷹架，執簡馭繁地活用上手，這是我們該進一步思考和設計的。

參照 UbD 及 CBCI 的課程設計

從「課程」的角度來看，無論 UbD 或 CBCI，首要目標都是為了實現「課程統整」。在認知、情意和能力之間，單元與單元之間，不同的冊次或不同科目、學科領域之間，若彼此具備縱向連貫、橫向連結，就比較容易為學生創造出有組織、能遷移、可活用或深化的學習經驗。而從「學習」的角度來看，UbD 或 CBCI 的核心關懷就是為了促成「概念性理解」、「高層次思考」和「學習遷移」。

因此，參照、提取 UbD 及 CBCI 的概念或方法，有助於落實「素養導向」的課程設計。圖 14.1 是一個簡要的課程設計概念圖示。

「學習重點」是教師們通常最優先關注的，不過，在第十二章的探討中，已經運用 UbD 的構想，確認以「學習評量」連結學習目標，進而帶動學習內容、學習表現教學的合理性和必要性。經由學習評量的設計、實施與分析，可協助學生辨識學習的重點與方向，促進學習的成效，改善和連結後續新單元的學習，乃至培養自主學習能力。

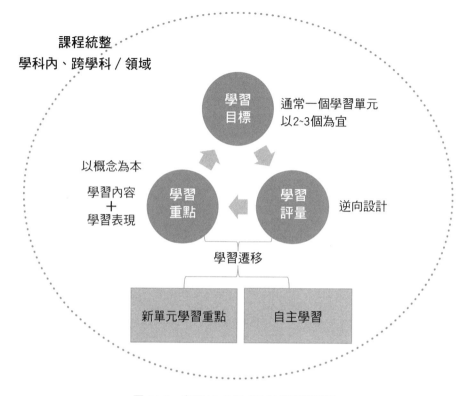

圖 14.1　參照 UbD 及 CBCI 的課程設計

　　透過課程、教學、評量的統整而促成知識、情意、能力發展的「學習遷移」，這才是素養教學該有的目標和檢核規準。

　　有了以上的整體性理解，我們可以針對「學習目標」、「學習評量」、「學習重點」的關聯，進行更細膩地描述，如圖 14.2。

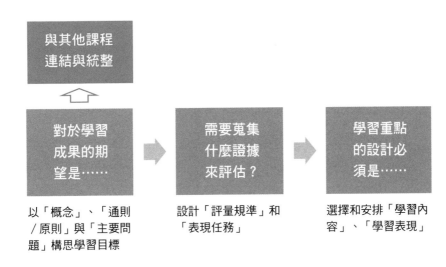

圖 14.2　以概念為本的逆向設計思考

設計「以概念為本」的課程

自小學高年級起，學生們已能進入「形式運思期」，尤其是語文、邏輯數學，形式運思的表現最為明顯。從七年級到十年級，中學生累積更多的經驗材料與背景知識，各種學科的「形式運思」學習全面啟動，可以處理概念、原則、規律、異例、變遷，並進行假設、推論、驗證，或比較、分析、統整、評判等。

但我們過往的課程組織、教學型態和評量方法，卻總是「誘導」、「迫使」學生死記硬背，即使號稱是「概念」或「原則」的內容，其呈現形式或學習方法，依舊是當成「事實」、「標準答案」在教導與評量，這便嚴重地扼殺了學生們發展高層次認知與思考的機會。連帶地，在長期欠缺高層次認知與思考的學習情境中，「情意」、「能力」的發展也就難

以促成；無感或濫情、自以為是、無能自理生活或參與社群的學生，均由此孕育而成。

「因勢利導」正是推動「概念性理解」的基礎。簡言之，既然學生的認知發展已經到位了，只要教師加以啟動、引導與鼓勵即可。

「概念性理解」指的是從大量事實或知識點中抽繹、收斂、歸納、統整，逐次提升至概念、通則性的理解；這是課程設計的核心工作、學生達成「素養學習」和「高層次思考」的必要行動，同時也是有效學習的關鍵。

重點是，教師必須先設計「概念性理解」的學習機會，提供學生有效學習的鷹架，豐富其學習經驗，他們才有辦法內化「概念性理解」的能力。

設計一個「概念性理解」的課程，教師必須先掌握某一個學習單元中，從事實到通則、原則的「知識結構」（structure of knowledge）。其組成要件，由具體到抽象主要包括：

1. 事實（fact）：事實是明確的，停留在其特定的時空脈絡或情境中。
2. 主題（topic）：與事實一樣，是鎖定在固定的時空脈絡或情境中。主題通常框定了一組在時間、地點或情境中相關的事實，設定了學習、思考的範圍。
3. 概念（concept）：
   • 通常由一組具有共同屬性的多個事物或想法所組成，性質上屬於「心智構念」（mental construct），以字詞來表示。
   • 概念可以穿透時空，跨越文化或情境而遷移，不過也有可能會

因為時空脈絡的演變、不同情境或跨文化，而產生內涵的變動，例如平等、自由等。

- 概念可以是超越多個學科的宏觀構念，例如改變、平衡、尺度、相互依存等。另一方面，也可以是偏向特定學科的微觀構念，例如行星風系、棲地、人造肉、人工智慧、帝國主義、時態、隱喻等。

- 雖然概念在穿透時空脈絡，跨越文化情境或不同學科知識結構時，其內涵可能變或不變，但針對「概念」層次所進行的釐清、理解，正是促成學習遷移的關鍵。

4. 通則（generalization）或原理（principle）：

- 連結多個概念，即能產生通則；再進一步，則發展為原理。通則涵蓋的事實比概念少，而原理所涵蓋的事實又比通則少。

- 通則或原理，都具有跨越時間、空間而延續不變的特性。

- 不過，在少數的事例中，通則仍會出現「可能、經常」的限定，但原理的陳述則不會出現這樣的限定。原理，已經屬於「定律／法則」，定位上相當接近於「真理」。

- 在教學現場的課程設計、教學安排，通常每一個學習單元都得進入「概念」層次的理解，並進一步歸納了解這幾個概念在學習單元中是如何關聯的，以便達到「通則」層次的理解，但不必非要同時學到「原理」不可。針對「原理」的學習，可視學習目標、學科知識屬性而取捨。

表 14.1 說明從「事實」到「通則／原理」概念性理解的推演理路。在

知識結構	概念性理解
通則／原理	「環境因素的變遷，足以影響生物的行為規律及生存」 「永續發展必須在因應環境變遷中維護生物多樣性，作為目標」
概念	生物、多樣性、變遷、行為規律、生存、永續發展
主題	野生動物保護
事實	北極熊、黑鳶、大象、動物園、氣候異常、森林砍伐……

這個示例中，概念性理解的焦點，是在「環境因素的變遷，足以影響生物的行為規律及生存」，以及「永續發展必須在因應環境變遷中維護生物多樣性，作為目標」。不過，教師不可能乾巴巴地直接處理如此抽象的學習內容。這個學習單元提供了許多「事實」，但同時也安排了多種教材、學習活動，將眾多的事實逐步歸納到幾個重要的概念上，最後才統整為兩項通則。

請注意，針對「通則」的書寫，通常是一個句子，藉以在文義脈絡中確認相關概念之間的關聯性。

如果教師的課程設計懷有更大的圖像，就可能將「難民／人類」納入上述兩個通則。第一個通則，幾乎可以視為原理，第二個通則可以改寫為「永續發展必須在因應環境變遷中維護各種既存的多樣性，作為目標」，提升其抽象層次。於是，這樣的通則將可以適用於生物課，或者社會領域的科目，甚至可能成為語文領域的選文指標、美術創作的主題等。

當我們仔細關注「通則／原理」時，便可以輕易地發現，這將能創造出跨單元、冊別、科目或領域的機會，實現「課程統整」的目標。另一方面，當學生可以深入理解，並在不同學習單元或生活情境中活用先前學過的概念和通則、原理時，「學習遷移」便是水到渠成。

第二個示例，表 14.2，修改自艾瑞克森的舉例。

請注意，無論「遷徙」、「需求」、「機會」、「自由」，都是重要且經常使用的概念。而從這樣一組概念所歸納的通則或原理，應該適用於古往今來世界各地相關的歷史、地理、公民與社會議題的探索，當然也幾乎可以適用於野生動物的遷徙行動。

為了提供更多的參照，下頁表 14.3 整理在中學教育中常用的一些「概念」，做為參考。

▍表 14.2 「美國西進運動」知識結構示例

知識結構	概念性理解
通則／原理	「人們遷徙，是為了滿足各種需求」 「遷徙可能會獲得新的機會或更大的自由」
概念	遷徙、需求、機會、自由
主題	西進運動（18 世紀末至 20 世紀初）
事實	早期的美國定居者向西遷徙。早期的美國定居者尋找新的生活或工作機會。

資料來源：Lynn Erickson. (2002). Concept-Based Curriculum and Instruction: Teaching Beyond the Facts. Corwin Press: Thousand Oaks, CA. 取自 http://www.tigerulze.net/prof/profdocs/structure.pdf

┃ 表 14.3　常用概念示例

相互依存（interdependence）	交互作用／互動（interactions）
系統（system）	平衡（balance）
關係（relationships）	變遷／變化（change）
穩定（stability）	複雜性（complexity）
模式（patterns）	結構／功能（structure／function）
比例（proportionality）	尺度（scale）
起源（origins）	影響（influence）
創新（innovation）	轉化（transformations）
認同（identity）	悖論（paradox）
信念／價值觀（beliefs／values）	自由（freedom）
觀點（perspective）	能量（energy）
永續（sustainability）	資源（resource）
衝突（conflict）	權力（power）
演化（evolution）	革命（revolution）
技術（technology）	潛力（potential）
制度（institution）	思想（thought）
文化（culture）	工作（work）
創造力（creativity）	改革（reform）
效益（utility）	風險（risk）

上述的「概念」僅是舉例，實際上只需花點心思整理，每個學科、每位教師都會有自己常用的一長串概念，而且其中必有一些屬於跨學科領域的概念。這一長串概念，將會隨著持續的思辨與探討而有所增減調整，越來越精要，且更富有組織性。

至於「通則／原理」，以下嘗試整理一些示例，做為參考。每一條通則／原理的主要概念（通常由教師依課程需求而設定），以粗體字標示。

1. **科技**會改變一個社會的社會與經濟**模式**。
2. 地理與自然**資源**有助於塑造一個區域的經濟發展**潛力**。
3. **技術**進步可以促進**觀念**和**思想**的傳播，並徹底改變人們的**世界觀**。
4. 社會可能會選擇**孤立主義**作為手段，防範不必要的社會、政治或經濟**影響**。
5. **槓桿**和**滑輪**可提供工作效率。
6. **速度**可以用**直線斜率**的數學方式來表示。
7. 在特定點的斜率**圖示**，可以呈現**變化**的瞬時比率。

關於「通則／原理」，還有一個重點。為了參照與連結 UbD 的課程設計思考，我們可以將「通則／原理」理解為在 UbD 所探討的「大概念」（big idea），其呈現形式一樣是連結數個概念而組成的「句子」。在 UbD 的設計中，將「大概念」定位為「可跨越時間、文化、情境」，因此值得做為學生「將會理解」的重點，而其表述總是在一個句子的結構中，以「通則／原理」形式而確立。例如《重理解的課程設計》一書中提到的：

1. **均衡飲食**，有助於**身心健康**。

2. **影像**可以揭露**事實**，但也可以誤導事實。

3. 所有生物都有**需求**，而且彼此必須**互動**、依存環境中的**資源**，才能**生存**。

4. 赤道和兩極之間不平衡的**大氣環流**、**地球自轉**，以及陸地和海洋的分布，會產生決定**氣候**的全球風向模式。

基本上，我們大可不必糾結於概念、大概念、核心概念、主要概念，或者通則、原理等字詞，最重要的認知是：教師在引導學生進行學習或探究、實作時，應提醒自己，也提醒學生，必須隨時關注從「事實」到「通則／原理」或「大概念」的概念性理解。

另一方面，概念性理解也可以涵蓋「歷程技能結構」（structure of process），這是偏向「能力」方面的理解與學習，適用於語文、藝術、技術類型的科目，傾向於關注學生必須展現的關鍵歷程（process）、策略（strategy）或技能（skill）。

「技能」指的是最具體而微的操作，「策略」通常帶有推理、後設認知或系統思考，針對技能的操作進行監控、修改、取捨與統整。在完成一個主題的任務中，可能動用的技能或策略往往是多元的、依循情境變動及靈活調整的。

「歷程」指的是導向預定結果的一系列步驟，具有邏輯性與思辨性，能夠按部就班或因勢利導地運用各種技能、資源、資訊、策略，達成目標。在多數的情形下，技能、策略和歷程不易完全區分，也不必勉強區分，應該以比較統整的角度，彈性地搭配與調整。

至於「歷程技能結構」所涉及的「概念」或「通則／原理」，其界定一如「知識結構」。在一個「歷程技能結構」的學習活動中，教師針對相關技能、策略、歷程的設計與教學，最終就是為了讓學生能夠「行以致知」，促成相關概念的理解，以便能進一步推升至通則／原理的掌握。這一類「歷程技能結構」的通則／原理表述，例如：

1. 讀者運用**背景知識**和**文本證據**，針對**人物**進行**推理**。
2. 讀者可運用各種非**小說文本特徵**（例如表、圖、地圖、標題、粗體字等），更有效率地查找相關**訊息**，加深對於主題的理解。
3. 句子中的**動詞形式**，由**時間**和**主詞**所決定。
4. **運動員**在**技能練習**和**表演**中應遵循**安全原則**，防止**受傷**。

總之，學生的學習活動應優先掌握一個學習單元的「知識結構」或「歷程技能結構」，這樣的學習歷程才可能激發持久性的理解，以及學習遷移。

而就教師的角度來看，「概念性理解」或「知識結構」、「歷程技能結構」的掌握，預設了進行跨領域、跨學科對話、協調與合作的可能。

建立通則的策略

在《概念為本的探究實作：促進理解與遷移的策略寶庫》一書中，共介紹了 10 種建立通則的策略。這些策略原本是提供給教師教學之用，對象主要是國中、小學生。不過，若就備課或課程設計而言，教師可參

考其中的「概念構圖」、「句子結構」、「連結四方」等策略，先行梳理與彙整教材中主要概念間的關聯，建立通則。

教師在備課時，首先得將一個學習單元中的主要概念、次要概念提列出來，並且特別關注前後單元（或不同冊次、必選修科目間）須重複使用的概念，以及有邏輯性、結構性關聯的概念。接著，試問自己，在此學習單元中將會把哪些概念串聯在一起教導給學生？這樣的組合會有幾個？每個組合的概念是基於哪些事實或知識點而統整起來？會使用什麼樣的字詞（尤其是動詞）來連結而凸顯概念間的關係？

以上的思辨過程，正是在進行「概念構圖」，針對學習單元中學生應該了解、學會的概念，進行腦力激盪、辨識、取捨，以及排列組合。而完成的組合，應該就屬於「通則」。教學經驗豐富的教師，甚至可以從這過程中設計舊、新學習經驗的巧妙銜接，或為將來的學習預作前瞻的鋪陳。

為了讓這樣的思辨「看得見」、「好操作」，技巧是在「腦力激盪」階段使用便利貼，將想到的概念全寫下來，一張便利貼寫一個概念。然後，教師就可以開始辨識這些便利貼上的概念是否要捨去；若要保留，則得辨識是主要或次要概念。接著，就可以將這些主要、次要概念（便利貼）加以分組，並將同一組合的概念加以排列。

「概念構圖」完成之餘，便能搭配「句子結構」，在同一排列組合的數個概念間套上適合的字詞。參考前一小節的「通則」示例，主要可分成兩大類：

1. 動詞：例如「改變」、「創造」、「促進」、「運用」等。
2. 連接詞：例如「有助於」、「可能會」、「不過」、「可以……，也

可以……」、「由……組成」等。

至於「連結四方」策略，主要是運用文氏圖（圖 14.3），譬如將四個案例共同的要素擷取出來，這就是「建立通則」。採取「連結四方」的時機，適用於個案、現象、情境、議題的處理，尤其是涉及「歷史比較」（時間）、「國際比較」（空間）的探究。這樣的策略要用得好，關鍵是在備課時能研訂出至少一個重要的概念性問題。因此，教師得自問：「我將這幾個個案（或現象、情境、議題）擺在一起，著眼點在哪裡？要讓學生察覺和研討的概念性問題，重要性是什麼？」在許多時候，藉助「概念構圖」策略來梳理，也相當有效。

概念性問題：儘管挑戰重重，是什麼因素啟發領導者去改變社會？

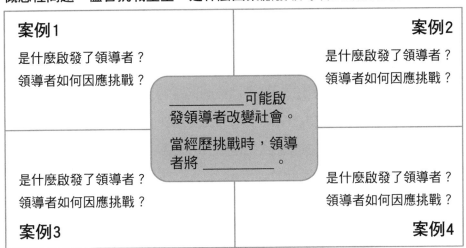

資料來源：《概念為本的探究實作：促進理解與遷移的策略寶庫》，頁 217。

圖 14.3　「連結四方」的例子

此外，為了幫助學生發現及建立通則，教師可事先設計，搭配合宜的「句子結構」，然後視學生的程度，評估要在一開始就呈現，還是循循善誘，讓他們自己把這「句子結構」逐步擬定出來。

最後，有三件事情必須提醒：

1. 多年來在帶領工作坊或評審課程方案時，若從「建立通則」的觀點來看，我發現大約 80% 的課程設計有修改的必要，其餘 20% 則有精進的空間。「建立通則」其實涉及課程邏輯或結構的掌握，否則課程將充斥著鬆散的知識點，導致教與學事倍而功半。

2. 此處所指的「通則」，未必等同於學術研究或學科知識結構下的意涵，而是在教學情境、過程中的暫時產物，主要功用是引導學生練習概念性理解，促進他們的學習遷移。

3. 教師在備課時完成統整的概念及建立的通則，在教學時不宜直接說破，應當多使用「概念式」的提問或追問，例如「如何？」、「為什麼？」、「所以呢？」、「然後會怎樣？」、「何者比較重要？」等，引導學生將思考及討論的重心置於「概念性問題」（第二章），在練習中逐步地發現而建立通則。這樣的教學模式可稱為「提問歸納式」。圖 14.4 呈現「提問歸納式」和「講述演繹式」的對比。

適用的課程設計工具

從以上的討論可以發現，UbD 及 CBCI 提供了不少有價值的觀念與

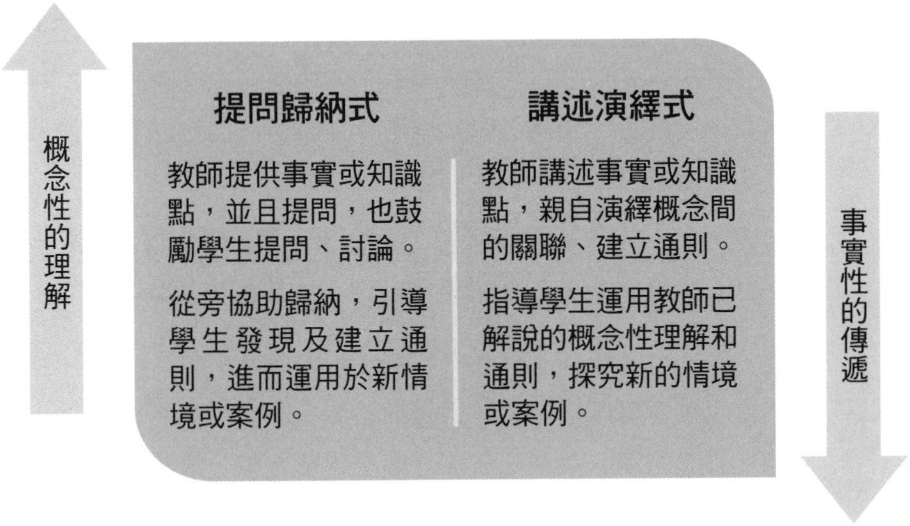

左侧纵向文字：概念性的理解

右侧纵向文字：事實性的傳遞

提問歸納式

教師提供事實或知識點，並且提問，也鼓勵學生提問、討論。

從旁協助歸納，引導學生發現及建立通則，進而運用於新情境或案例。

講述演繹式

教師講述事實或知識點，親自演繹概念間的關聯、建立通則。

指導學生運用教師已解說的概念性理解和通則，探究新的情境或案例。

圖 14.4　要讓學生進行「概念性理解」，需搭配「提問歸納式」教學

好用的方法，很值得參採。以下予以歸納：

1. UbD 及 CBCI 均強調以概念為本的課程設計，將學習重點聚焦於「通則／原理」或「大概念」的學習，一方面落實「概念性理解」為優先的精神，二方面也是為了課程統整，乃至於跨學科領域做出準備。

2. 在強調「通則／原理」或「大概念」之下，特別重視「提問」的教學技巧，以「主要問題」（essential questions）做為啟動問答、討論與思辨的關鍵。「通則／原理」或「大概念」的學習與理解，需要藉由轉化為「主要問題」的思辨而促成。應該說明的是，「主要問題」雖是連結於「通則／原理」或「大概念」，卻是跟著特定的

學習單元而設計的；換言之，「主要問題」是在「通則／原理」或「大概念」之下，針對該學習單元的具體設計。通常在每一個學習單元（包含若干節課）中，建議設計至少2個概念性問題，以及至少1個辯論性問題（第二章）。

3. 另一方面，「主要問題」也是「課程設計」與「學生學習」接合的樞紐。在以概念為本的素養導向教學方案規劃中，就是從「主要問題」設想來啟動，進而設定學習表現、安排教材、設計教學活動，並且依此發展出學生的學習任務或作業，以及相對應的評量活動、評量標準。換言之，在一個學習單元中，無論學習重點、學習評量，或教學歷程，均以處理和回答「主要問題」為核心而展開。

4. 「通則／原理」或「大概念」、「主要問題」、「學習評量」、「學習重點」、「表現任務」，以及教學流程的設計與安排等，基本上應儘量採用「逆向設計」模式。（第十二章；針對「表現任務」，請見第十章）不過，強調「逆向設計」模式的操作，旨在重新轉化、活化教師們的課程設計思考。實際上，一個專家教師的課程設計思考歷程，往往是整體性的、迴圈式的，而不是拆解成一個個的線性步驟。

5. 想要教出概念性理解、批判性思考等高階思考力，至少應把握兩個訣竅：

• 教學歷程多關注於「提問」，涵蓋事實性問題、概念性問題、辯論性問題。藉由提問，尤其聚焦於「主要問題」的討論，引導和激發學生的思考，掌握概念性理解的主軸與邏輯。

- 謹記「教得少，學得多」，釋出部分課堂時間，供學生思考、討論、探究、實作。（第七章）

6. 至於教師們向來關注的「學習重點」，在「以概念為本」的目標下，其設計思考歷程的建議如下：

- 確認出屬於某一學科，或是適合本校學生圖像的「通則／原理」或「大概念」，是最關鍵的工作。

- 依據確認的這些「通則／原理」或「大概念」，及所能對應的主題、各個學習單元的「主要問題」和學習內容，選取適切的學習表現加以搭配，建構出適合本校／本學科課程實施的「學習重點」。下頁表 14.4 建議一個初步的流程及應注意事項。

- 以上工作，可以學期為單位，逐步設計、發展，如果能組成社群一起共備，行政資源及時挹注和支持，應該能夠在 1-2 年內完成。

7. 關於「知識結構」、「歷程技能結構」的課程設計表，表 14.5 至表 14.8 分為單一個學習單元及兩個以上學習單元，兩種版本來呈現。表格中「事實性問題、概念性問題、辯論性問題」的標示只是提醒，務必記得要設計提問的問題。實際使用表格時，這些文字可以刪除。

▌表 14.4　「學習重點」設計思考歷程

階段	設計思考的要項
一、選材	1. 考量任教學科的學習內容，先選取 1-2 個較為得心應手且有所關聯的主題或學習單元。
二、設計思考	2. 有哪些「概念」是必須學習的？ 3. 有哪些重要的「通則／原理」或「大概念」，可以從這些「概念」中歸納出來？ 4. 若選取不只 1 個主題或學習單元，則應進一步思考，有哪些「通則／原理」或「大概念」是這些主題或學習單元所共通的？ 5. 依據歸納出來「概念」、「通則／原理」或「大概念」的內容、數量，進一步構思相關主題或學習單元課程地圖／學生學習地圖的編製。
三、策略與方法　步驟一	**由下往上（bottom up）** 從選取的主題／學習單元，逐一確認重要事實，再來歸納有哪些概念，以及進一步可抽繹出來的「通則／原理」或「大概念」。
三、策略與方法　步驟二	**由上往下（top down）** 掌握若干概念，往上抽繹出更精要、涵蓋面更寬廣的「通則／原理」或「大概念」，再往下找出若干個密切相關的主題，以及應學習的事實。 同時，擬定學生在該主題應聚焦的「主要問題」，和應精熟的學習表現（表現任務）。
三、策略與方法　步驟三	隨著依據步驟一、二整理而累增的主題或學習單元，日後逐步發展課程地圖／學生學習地圖。

表 14.5　知識結構課程設計表：■ 單元

主要問題	※ 請填寫 2-3 個概念性或可辯論性問題
知識結構	**概念性理解**
通則／原理 ↑ 辯論性問題	
概念 ↑ 概念性問題	
主題	
事實 ↑ 事實性問題	

▍表 14.6　知識結構課程設計表：□ 跨單元 □ 跨冊別 □ 跨科目 □ 跨領域

主要問題	※ 請填寫 2-3 個概念性或可辯論性問題	
知識結構	**概念性理解**	
通則／原理 辯論性問題		
概念 概念性問題	※ 從以下兩個單元歸納	
主題	1.	2.
事實 事實性問題		

┃ 表 14.7 歷程技能結構 課程設計表：■ 單元

主要問題	※ 請填寫 2-3 個概念性或可辯論性問題
知識結構	**概念性理解**
通則／原理 ⬆ 辯論性問題	
概念 ⬆ 概念性問題	
主題	
歷程、策略、技能 ⬆ 事實性問題	

¶ 表 14.8 歷程技能結構課程設計表：□ 跨單元 □ 跨冊別 □ 跨科目 □ 跨領域

主要問題	※ 請填寫 2-3 個概念性或可辯論性問題	
知識結構	**概念性理解**	
通則／原理 ⬆ 辯論性問題		
概念 ⬆ 概念性問題	※ 從以下兩個單元歸納	
主題	1.	2.
歷程、策略、技能 ⬆ 事實性問題		

以上關於「知識結構」、「歷程技能結構」的課程設計表，作用是引導符合「以概念為本」的課程設計思考。

如果是針對主題或學習單元實施的「教學計畫」，就需要考量更多的事項。表 14.9 是一個參考多種設計表格而擬定的建議版本，提示應該注意的「教學推理」細節及程序。

應該提醒的是，「學習目標」雖在表格較前面的欄位，但實務上卻是最後才能確定，以便能確實綜整所有的設計思考。「學習目標」是邏輯地歸納、推導出來的，而非憑空設想，由此「以終為始」，實地展開一個適切可行的教學及評量活動。

▍表 14.9　主題（學習單元）教學計畫

主題／學習單元名稱			
領域／科目 （可跨領域／科目）		設計者	
實施年級		總節數	節（共　學習單元）
設計理念	設計理念的書寫重點，建議可包括： 1. 課程主題的重要性、與既有課程的關係、延伸探討等。 2. 希望培養學生哪方面的能力，採用何種方法、模式或歷程而達成。 3. 課程主要的特色，例如教材內容、教學模式的創新（融入國際教育或雙語教學，採用跨領域探究實作、公民行動方案或高層次思考等）。		

（接下頁）

設計依據		
核心素養	總綱 核心素養	※ 請填寫最重要的 2-3 項
	領域 核心素養	※ 請填寫最重要的 2-3 項，若跨領域學科，總計至多以 4 項為宜
	校本素養指標	※ 若無，免填。若有，請填寫最重要的 2-3 項

學習目標
認知：（1-3 項）
情意：（1-3 項）
技能：（1-3 項）

國際教育議題融入	學習主題	
	SDGs 目標	
	實質內涵	

（接下頁）

國際夥伴學校 （若無，免填）		名稱： 國家： 網址： 聯絡窗口：
學習重點	學習表現	※ 請填寫最重要的 2-3 項，若跨領域學科，至多以 4 項為宜
	學習內容	※ 請填寫最重要的 2-3 項，若跨領域學科，至多以 4 項為宜
雙語教學語言學習內容	目標字詞	
	目標句型	
教學模式／策略		※ 議題探究與實作的操作、公民行動取向、體驗省思實踐模式、應用學習策略等
通則／原理與其他領域／科目的連結		※ 請填寫最重要的 2-3 項

（接下頁）

主要問題	事實性問題	
	概念性問題 ※ 請填寫至少 1 個	
	辯論性問題 ※ 請填寫至少 1 個	

學生的學習活動／表現任務
      ※ 請填寫最重要的 2-3 項

說明：1. 此教學計畫設計，主要參考、融會 CBCI 及 UbD 概念與方法，著重教師的教學推理。

2. 若有搭配「國際教育」、「雙語教學」的實施，需填寫相關欄位；若無，則刪除相關欄位。

3. 「通則／原理」是與本科目其他單元（可跨冊），或與其他領域／科目連結、統整的環節，應仔細思辨與設計。

4. 「主要問題」是「課程設計」與「學生學習」接合的樞紐，需用心設計。

5. 「學生的學習活動／表現任務」的實施，其實正是在蒐集評量所需要的證據。

6. 「學習目標」是總成，應歸納所有的構想，加以統整設計思考。

7. 此教學計畫表之後，通常就會接續著細部的教學流程（含時間配當）規劃，如表 14.10。

▎表 14.10　主題（學習單元）教學活動設計

單元一		
學習目標	時間	多元評量
學生學習此單元後，能夠（至多 3 項）		

教學活動設計			
學習目標	教學活動內容及實施方式	時間	學習評量
	課前準備 (一) 教師準備 (二) 學生準備 活動一： 活動二： 活動三：		

說明：教學活動設計應包括引起動機、開展活動與統整活動，並注意活動與活動間的連結。

傳統的課程設計往往要求教師涵蓋一長串知識內容，不過知識早已呈指數級增長，根本不可能有足夠的教學時間來涵蓋所有的內容。此外，如果學生需要獲取資訊，他們可以輕易地在網路上查找，未必都要依賴教師提供。更重要的是，無數研究已充分表明，若教學僅僅在傳遞知識內容，其實無法帶給學生深刻、持久性的理解。這就是我們應該重視「以概念為本」課程設計的理由。

　　「以概念為本」的課程設計，展現的是教師的「教學推理」。按照多年來與許多教師探討、設計實作的經驗，我發現，多數教師在理解這一套新的設計思考時，最常卡關的地方有兩處：

1. 萃取及建立「通則／原理」或「大概念」。
2. 從「通則／原理」或「大概念」提取設計「主要問題」。

　　如何解決呢？最簡要的方式就是參考本章的建議，以及運用相關表格工具，引導整個課程設計思考或教學推理的進行。簡言之，如果表格填寫得出來，課程設計應有起碼的品質。

　　教師們耗費心思做了這麼多工作，目的只有一個：想方設法促成學生聚焦於理解概念性知識，並引導他們能夠將這樣的概念性理解轉移到新的情境中。我們不知道學生在校外需要哪些事實或技能，但我們可以設計一個基於概念性理解的學習課程，讓學生看到「模式」，發展高層次思考，掌握學科知識的「系統性理解」，建立知識、情意或技能的統整，並讓他們逐步熟練在真實世界中遇到的任何情況，能夠遷移、轉化先前的理解而加以活用。

第十五章

跨領域課程設計

✓ 運用「概念」做為透鏡，有助於透視與聚焦龐大的事實，促進跨領域的教與學。

✓ 關於「課程統整」，教師並不陌生，因為教師所專精的「學科」和「科目」一定是統整的。

✓ 只要掌握好「以概念為本」的觀念與方法，跨領域課程設計即能水到渠成。

「教師能把自己主修的學科教好，已經很厲害了，幹嘛還要跨學科，甚至跨領域？」

「學生若能把每一個學科都學好，已經不簡單了，幹嘛還要跨學科，甚至跨領域？」

其實，所謂「跨學科／領域」，不等同於要教第二、第三個學科，而是與其他學科對話、交流，彼此互惠。需要教師這麼做的理由相當充分：

1. 大家教導的是同一批學生。
2. 許多學科都會處理到相關學習內容，所以需要相互了解，這有助於自己在上課時的安排。
3. 許多學科都會關注共通的學習表現，所以需要相互了解，這有助於自己在上課時的安排。
4. 想要了解或探究的真實世界現象、問題，從來都不是分學科呈現的，而是交織在一起的。
5. 在未來世界的生活或工作，跨領域的知識整合，以及團隊工作，是十分關鍵的能力要求。

至於學生需要關注「跨學科／領域」，理由就在上述4、5。再者，透過「跨學科／領域」的學習與探究、實作，學生往往可以回過頭來促進相關學科的了解，以及知識的系統性掌握。

在第四章已經談論「跨學科／領域」課題，第十三章、第十四章也針對「概念性理解」與課程設計做了詳細的解說，本章將延續探討相關的課程設計思考。

常見「校本課程」開課模式的商榷

目前教學現場在進行「校本（訂）課程」設計時，往往採取「跨學科／領域」，而常見的問題是依據負責開課的教師人數，將全學期時間切分成若干段落，各自操作。這種開課思維其實僅是便宜行事的「教師中心模式」。為方便討論，表 15.1 暫以 18 週、4 人開課為例，具體說明其可能的操作方式。

▌表 15.1　教師中心開課模式

週次／教師別	1 班	2 班	3 班	4 班
1-4 週	教師 A	教師 D	教師 C	教師 B
5-8 週	教師 B	教師 A	教師 D	教師 C
9 週	教師 A	教師 B	教師 C	教師 D
10-13 週	教師 C	教師 B	教師 A	教師 D
14-17 週	教師 D	教師 C	教師 B	教師 A
18 週	教師 A	教師 B	教師 C	教師 D

說明：類似設計是先完成 4 個單元，最後兩週才進行評量。

表 15.1 這種「教師跑班」的模式，主要優點有二：

1. 每位教師只需備課 1 個單元／ 4 週，外加 2 週的評量（回到各自

分配的責任班級）。

2. 每位教師皆可獲得基本授課時數。

但也有以下缺點：

1. 4 位教師負責的單元極可能是「貌合神離」，彼此欠缺課程的邏輯性或脈絡性。

2. 教務處排課必須在同一時段框定 4 個班、4 位教師，難度不小。

3. 此一模式幾乎也會導致學生學習成果評量的設計與實行有諸多困難，最後為方便操作，即使是採合卷形式，實際上卻是各自評量。

課程設計與實施應考慮教師自身的條件和需求，這是合理的，但上述模式最大的弊病是沒有考慮學生學習的需求，這是教師專業的大禁忌！為了解決以上的問題，一個改良版的設計，調整成表 15.2 的模式，

▎表 15.2　兼顧教師與學生需求的開課模式

人數／週數	導論	第一單元	第二單元	期中統整與檢核	第三單元	第四單元	期末統整與評量
四人合開	1	3	3	2	3	3	3
三人合開	1	4	4	2	4	／	3
二人合開	1	6		2	6		3

規劃出新模式。

上述模式設計，有幾個基本考量或應該注意的關鍵：

1. 主要授課進度是 12 週，其餘 6 週分別是導論、期中統整與檢核（形成性評量），以及期末總結性評量與總結回饋。
2. 由於是若干位教師分別授課，主要授課之外的 6 週，就是為了提升「課程統整」效果而安排。這 6 週的課程設計，理應由全部教師共同備課，所有的教學、檢核或評量重點，即是聚焦於「預期的學習成果／表現任務」加以設計。
3. 如果這門課確實屬於「跨學科／領域設計」，更應該組成社群，夥伴彼此透過良好的共同備課，改善課程脈絡與邏輯不足的問題，主要授課之外 6 週課程設計的重要性更高。

以上兩種多人開課模式，從結構來看，可以發現：第一種模式幾乎很難實現「課程統整」；而第二種模式，雖增加統整及檢核的設計，但一樣是教師跑班，在結構上仍存在很大的限制。事實上，教師跑班進入各班上課，尤其一個學期多達 3-4 位教師進出，先不管可否促成「課程統整」，單就如何避免「學習碎片化」，已是一個必須嚴肅思辨的議題。

以概念為本，才能促成跨領域的教與學

「以概念為本」的課程與教學，是希望促成概念性理解，經由建立「通則」，目的之一是要實現「課程統整」，目的之二則是促成學生進行

「學習遷移」。強調「統整」、「遷移」，自然都意味著要連結不同學科或領域，洞察及掌握其間的邏輯、脈絡，如此才有可能「跨越」。

而設計「跨領域學習」的用意，主要是讓「學習」更貼近生活，使學生能夠將所學所知加以活用，更有能力參與真實世界，基本目標是「因應」，積極目標是「求好」——讓自己、讓世界更好。

為此，教師能夠從自己專長的學科出發，關注、設計以「問題或議題探究」為導向的課程，強化學生知識、能力、情意態度等學習的整合，以及充實他們在日常生活、社會情境中的應用能力與經驗，這早已經是課程與教學上的重要任務。在如此實踐的基礎上，「跨學科／領域」的課程設計就能水到渠成。

教師沒必要為了「跨學科／領域」而勉強為之，教師最該關注的，是先以自己專長的學科為「透鏡」（lens），好好地看遠看近，仔細觀察這個豐富世界的現象與挑戰。只要一開始這麼嘗試，很快地就會看到自己學科的強項或不足，並且發現其他相關學科的不同想法，和令人讚嘆的絕妙之處。

何謂「透鏡」？這是大家都很熟悉的東西，眼鏡、放大鏡、顯微鏡、相機鏡頭等，都會用到透鏡，好讓我們觀看這個真實世界。在課程設計上借用「透鏡」意涵，主要是用來指稱「概念」，以便將眾多事實加以聚焦，圖 15.1 是一個例子。

在圖 15.1 中，人造肉、食用昆蟲、無剩食運動、蔬食等，原來各有各的意涵與事實、知識點，但如果我們以「環境永續」這個透鏡，便能將部分看似不相干的事實彙整在一起，這裡頭優先要反思的是畜牧業對於環境的衝擊，包括水、土地、糧食的耗損，以及碳排問題等，亟思

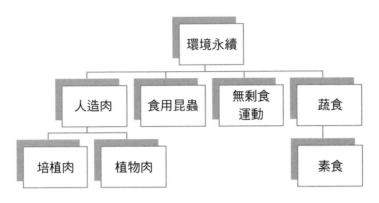

圖 15.1　以「環境永續」概念來透視和聚焦相關事實

「替代」方案。

　　不過，無剩食運動倒不是衝著畜牧業而來，而是提倡「節約」方案，因為人類浪費太多食材、食物了。如果在這個部分有所節約，就有機會減少農業的規模，而農業正是一個耗費地球極大資源的經濟活動。

　　以上這些事實，可能涉及的學科包括生物、家政、公民與社會、地理等，甚至在國文、英文課的選文中也會關注。透過「環境永續」這個透鏡，原來紛雜的事實或知識點有了統整的機會，而學生可因此更加深入理解「環境永續」的意涵，並將相關的知識、情意和技能連結起來。

　　在第十四章的表 14.3 列舉許多的常用概念，其實這些正是好用的「透鏡」，可以幫我們洞察與梳理龐大的事實，使之聚焦，進而促進跨領域的教與學。

「課程統整」的要求，教師並不陌生

「以概念為本」的課程設計，目的之一是為了實現「課程統整」。為何「課程統整」如此重要呢？

長久以來，學生們經常處於書面知識的單向接收，欠缺能力的培養或情意的涵養，而關於知識的學習，卻往往流於片段簡化、線性思考、背多分式的機械反覆練習，這已是一直為人所詬病的教學現場積弊。上述問題的備受批評，使得教師的教學受到考驗，而「課程統整」的落實便顯得更加關鍵且迫切。

對教師而言，「課程統整」其實並不陌生。怎麼說呢？因為每位教師都接受過完整的學科訓練，而所謂「學科」（discipline）一定具有從事實性知識到概念、通則／原理的系統性、結構性。換言之，這個知識體絕對是「統整」的。此外，以「學科」為基礎，在課程綱要中所規劃的若干「科目」（subjects），雖然區分出多個主題或學習單元，安排成教科書的不同冊別，也一定是「統整」的，具有縱向連貫的關聯。

至於源自同一學科內所規劃的不同必修、選修科目，自然也具有學科知識結構的邏輯關係，這可歸屬於科目間橫向連結的關聯。

因此，單是從教師自己的專長學科出發，好好地觀察這個真實世界時，不拘泥於一冊冊教科書或一張張考卷的紙面知識，就能夠提供給學生「探究與實作」及「課程統整」的學習經驗，並且可以順勢透過概念「透鏡」，突破邁向「跨學科／領域」的限制。

教師只要不陷溺於龐大的事實或知識點，做好自己任教科目內、學科內的「課程統整」，在這個範圍內，所謂「學習碎片化」根本不該任其

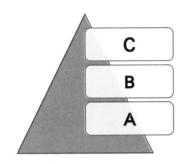

圖 15.2　縱向聯繫的課程統整

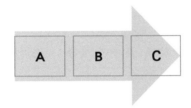

圖 15.3　橫向聯繫的課程統整

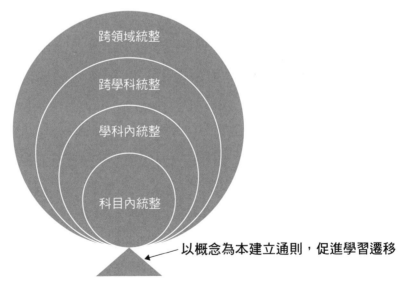

以概念為本建立通則，促進學習遷移

圖 15.4　「課程統整」支點及四種類型

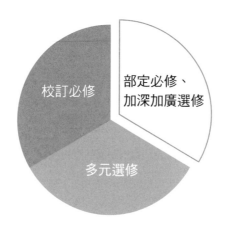

圖 15.5 「跨學科／領域」課程設計會優先落實於校訂必修及多元選修

發生。

　　如何才能夠避免「學習碎片化」問題出現，在自己所任教的科目、學科內做好「課程統整」呢？答案在第四單元的前兩章已經詳細解說，而同樣的觀念與方法，即可一體適用於「跨學科／領域」的課程統整。

　　就實務而言，目前最有可能進行「跨學科／領域」課程統整的科目，主要是校訂必修課程，以及多元選修課程。需要動用的師資人力，依學校規模大小來估算大約落在 10%-20% 間。

　　至於「跨學科／領域」課程統整，有哪些基本模式呢？以下輔以圖示說明。各圖示中的主題 A，指的是依照「知識結構」、「歷程技能結構」而設定的重要知識，或基本能力，採取「以概念為本」的設計思考來發展課程。之所以如此規範，原因在於 108 課綱特別著重將校本課程，包括「校訂必修」及「多元選修」，定位為「多元適性」、「素養導向」的課程，這同時也是大學端審查學習歷程檔案優先檢核的課程學習結果。

圖15.6可稱之為「共有式」課程統整。各學科雖然透過共同的主題加強彼此的關聯性，但焦點仍在不同學科，個別學科的完整性十分明顯。

　　圖15.7可涵蓋「張網式」、「線串式」兩種課程統整。在不同學科間找出，並加以強調的共同主題，但仍由各個學科分別設計出一門新課程。主題A課程可以是B、C、D、E學科學習之前的基礎課程，也可以是B、C、D、E學科學習之後的進階課程。

　　圖15.8則屬於「整合式」課程統整。在不同學科間找出，並加以強調的共同主題，由各個學科通力合作，據以設計出一門新課程。理想中的「跨學科/領域」課程統整，正是以此取向為設計的目標。如果B、C、D、E學科之間的藩籬都打破了，則相對於目前學校實施的眾多科目或學科，主題A課程就成為了「超學科統整課程」。

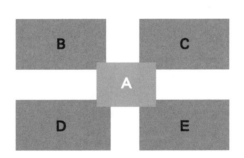

圖15.6　仍由B、C、D、E分科設計與實施課程，但都會涉及共同主題A

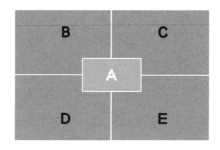

圖 15.7　以共同主題 A 設計課程，仍由 B、C、D、E 分科實施課程

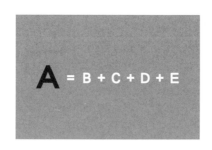

圖 15.8　採用 B、C、D、E 的題材來設計與實施主題 A 課程

「跨領域」課程設計思考

　　在 108 課綱中，應該採行「跨學科／領域」設計的課程，至少有「自然領域探究與實作」、「校訂必修」。至於「社會領域：探究與實作」則視各校的衡量而定。以下舉「社會領域：探究與實作」為例，進行「跨學科／領域」課程設計的探討。

　　「社會領域：探究與實作」在 108 課綱中原是分開三個科目規劃，

為何會出現「跨學科／領域」的議題呢？

　　原因出在不少學校將本來屬於「選修」型態的三個科目設定為「必選」，而且多數都放在高二，甚至在預期中都傾向要求學生完成「小論文」這一類的學習成果。試想，在一學年內，甚至一學期內，學生達成

▌表 15.3　常見的跨領域／學科課程設計模式

模式	要點	示例
共有式	1. 維持分科教學型態，主要是從部定必修課程（審定本教科書）中選取相關主題、學習單元，進行連結設計，期許學生能自行統整運用。 2. 學生須完成分別符合各科的三種學習成果。	1. 例如共同以「遷徙」為核心，但各自選取合適的學習內容或學習表現加以彙整設計，3科有若干聚焦，但仍分別授課，各有 2 學分。 2. 或以「地方學」為主軸，分別由 3 科教師以各自的學科探究取向（例如時序和史料、人地關係、社會議題等），教導有所關聯的知識內容。
張網式	1. 維持分科教學型態，但在一個主題下梳理出若干共通的概念或通則，連結各自知識內容。結構性較「共有式」高，期許學生能經由學習而統整運用。 2. 學生須完成分別符合各科的三種學習成果。	1. 以「遷徙」（或「地方學」等）為主題，共同選擇「族群、交流、衝撞」為主要概念，各自完成較為完整的主題課程，並經由共同備課減少重複情形，或精煉教材及教法而提升課程設計品質。仍分別由 3 科教師授課，各有 2 學分。 2. 或以一般性的「探究與實作」基本觀念及方法為主，設計若干週的共同課程，再分別導入分科課程。
線串式	1. 獨立的統整課程型態，主要以「張網式」為基礎，三科的課程設計須更加注意彼此的脈絡性和連貫性，足以邏輯地串聯相關學習內容及學習表現。	1. 都以「遷徙」（或「地方學」等）為主題，共同完成一個完整的主題課程（含 3 科的探究取向及方法），3 科教師仍分別授課，但須依據各科先後次序的排列組合，進行微調設計。

（接下頁）

模式	要點	示例
線串式	2. 學生須完成至少一種學習成果，能統整 2-3 科的學習內容和探究方法。	2. 由於是 3 科統整為一門課程，從學生的角度來看，這會是一個至多有 6 學分的設計，每週將有至多 6 節課時段，至少必須框定 3 個班、3 位教師。 3. 基於每週至多有 6 節課，時間非常充分，由教師講授的週數可從 12 週減至 9 週以下，儘量保留較多時間引領學生進行自主探究與實作。
整合式	1. 獨立的統整課程型態，以素養或主題為核心，依據共通的概念及通則，重組或更新相關學習領域的課程內容，原先 3 科的學科界線已經淡化或移除。可由教師進行若干週的跑班授課，或由一位教師獨立完成一個班級整學期的授課。 2. 學生須完成一種學習成果，能統整 2-3 科的學習內容和探究方法。	1. 在選課的操作上，即使原先綁定為「必選」，但技術上可容許學生至多三次都選相同科目，如「歷史學探究」、「地理與人文社會科學探究」，或「公共議題與社會探究」。若是如此設計，意味著可以用至多 6 學分規模來安排課程。 2. 在以「歷史學探究」為主的班級，須適度融入其他兩科的探究方法及相關共通的學習內容，若以「地理與人文社會科學探究」或「公共議題與社會探究」為主，原則亦然。若要爭取「協同教學」，則須加強任二科目的整合，共可開出三種課程（歷史＋地理、公民與社會＋歷史、地理＋公民與社會）供學生選修。 3. 主題可共同設定，如「遷徙」或「地方學」等，亦可由各班分別設定不同主題。

資料來源：羅蘋・傅加提（Robin Fogarty）著，單文經等譯，《課程統整的十種方法》。本表依據實地設計與實施經驗改寫及補充。

的可能性有多高呢？答案應該是：零！

　　要解決上述在高二這一年，學生得同時學習「社會領域：探究與實作」2 至 3 個科目的方法之一，就是朝向「跨學科／領域」設計，可能的模式有表 15.3 所列出的四種。

　　嚴格來說，「共有式」或「張網式」勉強算是跨學科／領域課程設計的「入門款」，對於「社會領域：探究與實作」三科目課程實施的師生負擔，無法有明顯的減輕功效。若能仿效「線串式」或「整合式」，依學校個別情況調整，才可能一勞永逸，讓師生都能事半功倍；不過，要設計和實施這兩種模式，教師們事先得進行的「自主學習」和「共同備課」活動必須大幅增加。

　　此外，要讓「社會領域：探究與實作」這一類課程的實施更有成效，教師們還應該注意一個非常關鍵的「50% 原則」——儘量留下 50% 的課程時間，做為學生實作、小組工作、師生問答討論、學生自評與互評、教師回饋等活動的進行；教師的講述，包含影音媒體的輔助使用等，加總起來的時間應該以 50% 為上限。有兩個應該時時謹記在心的課程設計理念是：

1. 教得少學得多（Less is more: Teach less, learn more.）：這是芬蘭教育啟發我們的。可參考《芬蘭教育這樣改！》（2022 年發行新版，改名為《芬蘭教改之道》）。

2. 伸展跳躍學習（Jump）：這是佐藤學「學習共同體」啟發我們的。可參考《學習的革命：從教室出發的改革》。

唯有教得少，教師才能夠更加周延、深入、貼切地設計教學活動，融入與統整學習重點，促成學生之間及師生之間更多的協同學習，而非永遠只是教師的單向灌輸。學生透過豐富多元的資訊及參與、實作，因而交流、串聯、激發多樣的思辨和發現，於是更有可能發展「伸展跳躍」的學習機會。

　　最後一個關鍵問題是：該設定什麼樣的學習成果或表現任務呢？「小論文」是唯一的選擇嗎？

　　若是各科獨自規劃或依據以上課程設計模式中的共有式、張網式來安排，都非常不適合設定「小論文」為學習成果的檢核，取而代之的可能是閱讀心得寫作、開放式問題或申論題的答卷、實察報告、微電影等，甚至於型態可以開放，保留學生自行選擇的彈性。

　　如果採用線串式或整合式的跨學科／領域設計，選擇「小論文」作為學習成果的檢核評量，就比較可行。不過，考量不同學生的主客觀條件，還是建議教師能儘量讓表現型態多樣化，保留學生自行選擇的彈性。此一課題的深入探討，可參考《中學專題研究實作指南》或是《我做專題研究，學會獨立思考！》（增訂版）這兩本書。

　　面臨變遷中的社會、新科技所快速帶動的時代轉型，以及對於全球應該「永續發展」的渴望，今後無論是生活或工作，都將更加重視跨領域知識交流，打破傳統上學習過於分科化所造成的局限或隔閡。培育「T型人才」的強調，正在回應以上的期許。

　　「T型人才」指的就是本身具有某一學科領域的專業素養，且能整合其他領域，發展有效的團隊協力，擅長在真實世界中覺察問題，並能提出有效解決方案的跨領域創新人才。108課綱在探討「素養導向」課程

與教學時，之所以特別重視「課程統整」，乃至「跨學科／領域」，用意即在希望能開始致力於培養類如「T型人才」的學生。

即便先不去「遙想」未來，就在目前的學習當中，如何從基本面上避免「學習碎片化」，在積極面上促成「學習遷移」，引導學生達成有意義的學習，這都得落實「課程統整」，或以「跨學科／領域」設計引導有任務的學習，才可能成功。

第十六章

「探究與實作」
難易度調整的竅門

✓ 探究與實作的成果展現，在「小論文」和「學習單」兩端之間，其實還有無限可能。

✓ 「探究與實作」學習型態、學習歷程、學習任務的設計有多樣選擇，應考量學生程度而定。

✓ 在「探究與實作」的學習中，「界定問題」比「解決問題」優先，而且重要。

一個有品質的「探究與實作」的課程設計，自然是「以概念為本」，著重「知識結構」與「歷程技能結構」，並且釋放充裕的時間讓學生摸索、思考、討論、實作。不過，這樣有品質的課程設計和指導，必須關注「難易度」，因為有非常多的教師（跟任教什麼學校無關）提供了偏難的課程，讓自己和學生都很辛苦。但也有不少教師設計的課程過於瑣細、簡略，難以彰顯探究與實作課程的價值。

　　其實，難易度的調整充滿彈性，難度要抓在哪裡最為適切，永遠需要教師的在地思考，因為最懂學生主客觀條件的，當然是教師自己。如果教師知道難易度的調整原來是有竅門的、有很多種可能的，就比較不會患得患失了。

　　本章的探討，是建立在第九章、第十章之上，希望能提供具體建議，協助教學現場的教師設計出有挑戰性，但難易度合理的探究與實作學習活動。

設計探究與實作課程的茫然

　　鼓勵學生學習探究與實作，優先目標是培養他們的高層次思考能力，包括閱讀理解、批判思考、論證推理、團隊工作，以及寫作、表達等，而非督促他們非得寫出一篇論據堅實、論證嚴密、雄辯滔滔、擲地有聲的小論文不可。

　　我們不得不承認，由於中小學長久以來的教學模式和學習慣性，導致多數學生不具備上述能力，或者欠缺展現的經驗、信心。108課綱實施前大約三年，政策方針已在催促各校必須趕緊研發足以讓學生能夠自主

學習、探究與實作的課程，然而幾年下來，在指導學生進行這一類學習活動時，不少教師依然沒什麼把握，甚至懷疑學生真有條件學習嗎？此外，有些教師認真設計了相關課程，也盡心盡力教學，卻飽受挫折，不知癥結出在哪裡。

大部分的教師應該都會承認，引導學生自主進行探究與實作，是非常重要的；但是，幾乎也是大多數的教師都同意，這樣的學習目標並不容易達成，教師得耗費許多精力，卻可能事倍功半。因此，許多教師視此類課程之授課為「畏途」，即使學校、教育行政主管機關安排兩人協同教學，都計入授課基本鐘點，也未必具有足夠誘因。

檢視、省思以上教學現場的困境，涉及因素固然複雜，但教師們對於探究與實作課程的想像或期待，似乎應該優先加以分析、探討。

首先，值得注意的是一個大迷思：不少教師一聽到探究與實作，常有意無意間連結到「小論文」。但是，小論文是什麼呢？十分粗略的印象是學位論文，或是科學展覽會作品的「迷你版」，而所謂「迷你」，直覺指的是字數少一些、難度降一些，所以稱為「小」論文。

我曾遇過相當突兀的例子。例如，有少數學校規定全校高二學生都得完成一篇小論文，並要求每一位教師都得指導。於是，有的教師直接拿了自己的碩士論文讓學生參考及仿作，有的教師指定（自己較熟悉）研究法，譬如一律做實驗，或者全部進行問卷調查。另一個例子，有學校的教務主管直接指示，程度較低者做問卷調查，程度較高者做訪談。此外，也有教師指定學生一律以「戰爭」為主題，進行專題研究。

相對地，完全不同的景象是，部分教師知道探究與實作沒那麼簡單，因此就設計一些簡易可行的學習單，學生依序完成，一定就能過

關。然而，這些學習單要填入的，大抵上都是上課講授的知識點，學習樣態一如過往的部定必修課程。另外一種不算罕見的模式，譬如由教務處綁定三個班，三位教師輪流到各班教學，一輪 6 個星期，三輪下來正好三個班都教到了，一個學期也就過了。三位教師都只需要準備 6 星期課程，而教授的內容各擅其場，彼此雖共享一個宏偉的課程名稱，卻未必有課程脈絡或知識上的邏輯關係，反正就是讓學生想一想、在課堂上做點事情即可。

其實，探究與實作這一類課程的學習成果，絕非一定要寫小論文，即使是小論文，也絕不等同於學位論文或科展作品的迷你版。若要呈現探究與實作的學習成果，即使是偏向論證寫作性質的作品，也未必就只有小論文一種。（第十章）

其次，上述實例中關於「研究法」運用的要求，都是不恰當的，反映出做此要求者並不了解研究法相關知識。而指定像是戰爭這樣的主題，呈現的可能是教師個人的興趣，卻遠非學生所可能理解。教師如果沒有周詳的指引，學生很難上手。問題是，光把這樣的議題搞清楚，還能剩下多少時間可供學生熟悉、練習探究的方法，並實地操作呢？

至於讓學生在學習單上填寫固定、明確的知識點，或者由教師在學期中跑班，教同樣課程三遍，這都屬於便宜行事。或許教師迴避了事倍功半的麻煩，卻極可能讓學生徒勞而無功，課上完了，但探究與實作的相關觀念及方法，頂多一知半解。

然而，若設身處地為教師們的狀況想一想，探究與實作這類課程，其內涵或性質應是什麼？該如何設計課程？如何教學及評量？這都需要多方思辨及研討。此外，108 課綱讓教師的教學、學生的學習更加多元，

雖說是為了學生的適性揚才，但多樣態的課程、多元的學習進路等，都意味著教師的工作量及難度增加。尤其是引導學生進行探究與實作，這和先前的教學模式大異其趣，涉及的知識與能力也和部定必修課程的教授不同，多數教師未必了解，也沒有太多時間充分準備，學校或教育行政主管機關提供的資訊或支持，可能也沒有辦法貼切到位。事實上，如何教中學生進行探究與實作，大多數在大學任教的學者也未必清楚明白。

如此說來，我們到底要不要教導探究與實作這類課程，以便引領學生培養高層次思考？答案是「需要」，但不應該在 0（例如僅是寫出杜威的「問題解決」五步驟）或 100（例如完成小論文）的兩端點，進行「全有」或「全無」（all or none）的取捨。合適的衡量，應該是依據教師自己和學生的條件，在 0 到 100 的難易度間審酌、選取，並隨著教學經驗的累積，逐年調整。

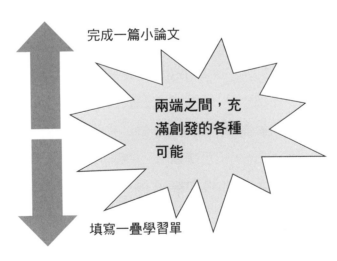

完成一篇小論文

兩端之間，充滿創發的各種可能

填寫一疊學習單

圖 16.1　探究與實作的成果展現，其實有無限可能

「界定問題」比「解決問題」優先，而且重要

在我多年教授專題研究、探究與實作課程的經驗裡，不少學生很習慣地想要盡快找到答案。這種熱切固然值得肯定，但他們太急著完成這個功課了，以至於常常忽略相關背景知識。

例如，想要解決「剩食」問題，卻無法發現隨著食物里程，或者從農畜產品、食材直到廢棄的生命週期推移，不同階段的剩食問題是大不相同的。簡單地說，在田間，可能是醜食或格外品議題；在運輸及保存階段，可能有冷鏈、小農、吃在地及吃當季的議題；在加工或販賣階段，醜食或格外品議題又回來了，但探究的重點不同，另外又有即期品、保存期限、食物銀行等議題；而在餐廳或家中廚房，廚餘議題就相當重要，甚至還會涉及是否推行「廚餘養豬」的爭議。

剩食問題之解決，涉及人文社會科學、自然科學，乃至資訊工程等學科，不同階段的處理方向及重點、動用的學科知識都大不相同，如果探究的焦點或範圍不界定清楚，如何談解決問題？

再舉一個更簡單的例子。有學生想要探究素食，勤奮地蒐集很多資料，彙整運用。但仔細一看，不同的資料對於素食的界定是有差異的，有的是指全素，有的涵蓋蛋奶素或五辛素，有的更寬鬆，泛指不吃紅肉即可（不吃牛、豬、羊肉，但可吃雞肉、海鮮等）。試問，這些關於素食界定不一樣的資料，能混在一起討論嗎？

此外，將食品安全（food safety）和糧食安全（food security）混淆，或者誤以為酸鹼中和是「酸的氫離子和鹼中的氫氧根離子反應，且完全用完，溶液中不會再生成此兩種離子，故呈現中性」，或者認定「四季的

形成，距離是主要因素，北半球夏天的時候在近日點、冬天的時候在遠日點」等，如果連基本、關鍵的概念都弄不明白，怎麼解決問題呢？

因此，弄清楚關鍵字（keyword）的確切意涵，相關概念或通則、原理（例如焦耳定律、基因轉殖、工業革命、機會成本等）的學科知識，以及檢核引用資料在相關概念或變項上意涵的差異等，都是基本功。在這個基礎上，緊接著便是如何在多筆不同立場、不同論點或不同證據的資料中，釐清爭議點，或者困惑點，界定值得探究、追問的問題。（第九章、第十章）

關於「界定問題」，一般的入手途徑不外乎觀察、訪談請益，以及蒐集與閱讀資料等。考量中學生的主客觀條件，以及培養閱讀理解這個能力的重要性，針對界定問題的探討，建議優先專注於蒐集文獻資料這一項，學思並行，進行閱讀與思考。相關基本程序，歸納如下：

1. 當沒有什麼具體的想法或疑問時，由「學」入手：例如以「飲食」、「食物」等關鍵字，進行文獻的蒐集和瀏覽，發展一些初步的想法或疑問出來。

2. 當有一些想法或疑問時，由「思」入手：從自己的興趣、好奇、疑惑中進行思索、推測，研擬一些問題，然後查找文獻，發展探究焦點。

3. 在「思」與「學」的交互作用中，確認多筆可用的文獻，並進行論證（argumentation）：將多筆文獻加以彙整、歸納，形成初步的立場（或主張），同時蒐集立場不同，甚至對立的文獻，藉以修改或強化自己的立場。

4. 根據設定的立場，形成假設或待答問題，發展進一步查證、思辨的探究焦點（或問題意識）。

學生們志在解決問題，是好事，值得大大鼓勵，但教師應該循循善誘，先讓他們耐著性子，將希望探究的問題焦點，以及相關的概念或變項界定清楚，破除先前的迷思。單單跑完這個學習歷程，寫一個札記，外加省思的心得，或者認真地依據界定的問題，研擬出一份研究構想書（或研究計畫），都已經是夠水準的探究與實作的作品了。

換個角度看，若學生對於探究與實作的學習動機不高，或者能力不足，光是引導他們完成界定問題的探究與實作，領略思辨、論述的過程，其實已經符合這個課程的學習目標了。

當然，如果覺得上述界定問題的任務還不夠，既然探究問題的焦點、研究構想已經有了，何不玩真的、玩大的，進一步實作，找出解答或解決方法呢？

如果教師和學生對於進一步的探究與實作任務有興趣，第九章曾針對探究與實作做了導論，具體建議操作要件與關鍵環節，可供參考。

七種探究與實作學習型態的斟酌

無論是要讓學生練習發展一個探究構想即可，還是要進行正式的探究與實作，「蒐集、閱讀與解析資料」都是必要基礎，而且直接關聯著後續的學習歷程。表 16.1 即由此思辨，展開「探究與實作」學習型態設計的七種可能。

基本上，前三種僅可視為探究與實作的先備經驗，若要真正進入探究與實作，要求學生自行蒐集資料是必須跨過的門檻。不過，考量學生一開始的能力可能不足，建議最好從學習型態 2 或 3 入手，先培養學生透過資料，書寫摘要，學習掌握 C-A-E-R（主張、論點、證據、推理，見第九章）的論證思考，進一步運用多筆資料進行交叉檢視，凝聚探究焦點的歷程，發展閱讀理解和批判思考的能力。

待學生完成學習型態 3 的練習之後，教師即可依據學生的主客觀條件，從學習型態 4 到 7 中斟酌採行其中一種。原則上，從 4 到 7，難度越

┃表 16.1　從閱讀理解到批判思考、論證寫作的七種學習型態

型態	學生查找文獻資料	教師提供文獻資料	教師提示方向或題目	說　明
1	✕	✕	✓	寫作練習 1 傳統的作文型態
2	✕	✓	✓	寫作練習 2 大學學測「國語文寫作能力測驗」屬於這種型態
3	✕	✓	✕	
4	✓	✓	✓	專題探究與實作初階練習 1
5	✓	✕	✓	專題探究與實作初階練習 2
6	✓	✓	✕	專題探究與實作進階練習 1
7	✓	✕	✕	專題探究與實作進階練習 2

資料來源：《中學專題研究實作指南》，頁 23。

來越高，不同組合適合不同條件的學生，教師可先行評估。

　　應該說明的是，在學習型態 4 中，搭配提示的探究方向或題目，教師在此提供的所有資料，以兩大類別為主：

1. 偏向導論的性質，讓學生比較方便、妥適地建立一個梗概的理解。

2. 多元、正反立場，啟發學生的好奇心、激盪思辨的多重可能。

　　相對而言，在學習型態 6，教師仍然提供這兩大類別的資料，但可能的探究方向或題目，就留待學生自行摸索與發現了。為了更具體呈現學習型態 4 的課程設計，再以圖 16.2 解說。

　　階段一，由教師提供 1-3 篇選文，主軸是「批判閱讀」，這是由「閱讀理解」和「批判思考」匯集而成，屬於「萬丈高樓平地起」的基本功。在此基礎上，進入階段二，由學生蒐集 1-3 篇文獻，主軸是引導啟動「初階」探究與實作，並以透過論證寫作，完成「探究與實作構想書或研究計畫」為目標。兩個階段中有許多步驟，各有調控難易度的具體項目：

① 選文難易度：篇數，論點（多寡、繁簡、正反），知識背景。

② 閱讀理解難易度：略讀（skim）、細讀（close reading）或者是判讀（interpretation）。

③ 批判思考難易度：評估閱讀資料的 C-A-E-R 能否成立，並提出自己判斷的理由；若是兩篇以上，則需進行比較。

④ 蒐集資料難易度：要求使用單一或多元的來源，例如線上資料庫，政府或具有公信力的 NGO 組織的文件、統計資料，實體或

階段一、批判閱讀			階段二、初階探究實作及論證寫作		
教師提供文獻①	閱讀理解②	批判思考追問焦點③	學生依據批判閱讀後的焦點查找文獻④	形成至少1個可進一步探究的問題⑤	完成探究實作構想書（研究計畫）⑥
一篇選文	✔	✔	✔一篇 立場相近可補充或支持		
二篇選文 第二篇立場相近，但觀點不太一樣	✔	✔	✔二篇 第二篇立場相近、但觀點不太一樣	✔	✔
三篇選文 第三篇立場不同、對立	✔	✔	✔三篇 第三篇立場不同、對立		

－ 難度 ＋

－ 難度 ＋

圖 16.2 調整探究與實作（學習型態 4）難易度的訣竅

電子書籍，或學位論文等。此外，還可以考量要求篇數及立場（多元、正反）等。

⑤ 發展探究問題難易度：數量 1-3 個，必須都是概念性問題，或至少還要包括一個辯論性問題等。

⑥ 完成構想書難易度：字數 1,500-3,000 字，無錯別字或贅字，善用標點符號，善用信號字，自行繪製研究流程圖、甘特圖或概念架構圖，APA 格式等。

表 16.2 是臺北市立建國高中校訂必修課程所使用的一個檢核表，更細節地呈現完成構想書的諸多要求，可供參考並斟酌調整。

「教師提供文獻資料」這個安排，出現在表 16.1 的學習型態 2、3、4、6，因此，除了考量篇數，論點（多寡、繁簡、正反），知識背景之外，還應該注意以下原則：

1. 以訊息類文本（informational text），或非小說文本（nonfiction）為主，具體而言，包含說明文（exposition）、議論或說服性文本（argumentation or persuasive text）、程序性文本（procedural text）或檔案（document）等。

2. 提供的每一筆資料均應註明資料來源。

3. 文本形式，以混合文本（mixed text）為主，包含文字、數字、圖、表、圖像等。若是數位文本，則可再包含錄音檔、影片等多元形式。

4. 每一筆資料的論點，以 3-5 個論點為主，不宜過多。若有必要，

▎表 16.2 探究與實作構想書檢核表

檢核項目		檢核內容	初稿	定稿
格式及內容	研究題目	具有問題意識		
		能讓讀者了解研究方向		
		能扣合研究內容		
	一、研究動機與目的	能呈現研究題目的重要性		
		能提示問題意識的形成過程		
	二、初步文獻探討與發現	引用 3 筆以上參考文獻		
		能從論點分析的角度處理文獻探討，並於每個論點加上契合內文的小標		
		能介紹與研究相關的重要概念或變項		
		探討內容與研究問題間具有相關性		
		正確呈現徵引文獻的 APA 格式		
		善用圖表輔助說明，並注意其 APA 格式		
		能提出文獻探討的結論（小結），並能自此引出研究問題		
	三、研究問題焦點與架構	為合理可解決的問題		
		各個研究問題間具有關聯性		
		能以研究架構圖呈現概念之間或變項之間的關係		

（接下頁）

	檢核項目	檢核內容	初稿	定稿
格式及內容	四、採用的研究方法與理由	能列出解決研究問題所用的研究方法		
		能具體說明採用該研究方法的理由		
		確認該研究方法能有效地解決研究問題		
	參考文獻	能列出 3 筆以上參考文獻（內文實際有引用才能列出）		
		能以 APA 格式呈現參考文獻來源，並依照第一作者的字母或筆畫順序來排序		
其他檢核項目	格式、錯別字與標點符號等	無錯別字或贅字		
		善用標點符號		
		善用信號字		
		版面清晰		
		標示頁碼		

資料來源：臺北市立建國高級中學 110 學年度校訂必修課程「專題寫作與表達」公版講義，頁 10。

可以進行修改（應標明「修改自：資料來源」），使難易度能夠適切，適於引導學生進行學習。

5. 探究議題的設定，建議以對應聯合國永續發展指標（SDGs）為主，而且，最好能引導進行跨領域，尤其是文、理領域知識的統整運用。

6. 就國中生而言，每一筆資料以 800 字以內為原則；就高中生而言，

以 800-1,500 字為原則。

7. 若原來的資料有提供段落小標，可依學生的程度予以保留（初階學習）或刪除（進階學習）。

至於要提供多少筆資料呢？這個問題，高度涉及城鄉差距的狀況。簡言之，要求學生蒐集資料一事，無論線上資料、實體的圖書文獻，六都之外的地區或社經文化條件較為不利的家庭，或多或少存在著限制。因此，教師要有在地審酌的準備，視情況決定提供的多寡。

就學習型態 4 而言，教師介入的最大幅度，應是在所提示的探究方向下，規劃若干個題目，每個題目相關圖書文獻資料，建議至少要提供 5 筆，讓學生從中選取，再視個別構想微調探究的題目，並自行蒐集 2-3 筆資料。

如果評估之後，教師認為班上有些學生的學習動機與能力（潛力），足以進行型態 5、6 或 7 的學習，此時教師介入的幅度就應逐漸減少。關於蒐集文獻資料一事，在指導、建立基本觀念與方法之後，應該放手讓學生自己多多嘗試。

採用文獻資料，在探究初期，主要是為了進行文獻探討，用來界定問題，凝聚探究焦點。在進入正式的探究與實作階段，若是藉助於大量的文獻資料，主要是因為採取了「文獻分析」一類的研究方法。當然，除此之外，學生還可以選擇其他的研究方法，但無論哪一種研究方法，其實也都是在蒐集資料，只是類型或性質不同於文獻資料而已。同時，採用不同研究方法所可能面臨的挑戰都不小，都需要教師事前的指導，並在過程中隨時提點與建議。

實作行動的開展與總結

在第十章，已經就「凝聚探究焦點」、「完成探究與實作構想書／研究計畫」之後該進行的學習重點，做出探討，如圖 16.3 說明。

關於研究方法的選擇，就多數學生的學習條件來評估，建議以「文獻分析」為優先考量。如果文獻資料不足以解答或解決研究問題，再來思考，根據研究問題，應引導學生選擇何種研究方法做為輔助，比較適切。

多數學生喜歡使用網路問卷，但對初學者而言，這絕非好的選項。尤其是學生會選擇使用問卷，原因常常是他們不知道答案，也誤解「隨機」的概念，一心只想透過問卷調查，隨機而快速地蒐集「許多」（例如20 份）答案。但這種思維，根本是錯誤的。

恰恰好相反的是，採用問卷調查的前提，應該是研究者對於相關知識、概念、原理等，都已經有足夠的了解，並發展出一個合理的概念架構，足以成為問卷設計的結構。在這樣的基礎上，才可能設計出有品質（效度）的問卷。接著再透過問卷調查，從適切的「樣本」中，蒐集態度、感受、意見或想法等。

凝聚探究焦點	選擇探究方法	產出學習成果
● 彙整多筆資料的CAER ● 處理爭議點或困惑點	● 文獻分析 ● 口述訪談 ● 實地考察 ● 實驗 ……	● 學術寫作 ● 文藝創作 ● 實物製作 ● 行動方案 ……

圖 16.3　探究與實作產出學習成果

因此，我常常比喻，做問卷調查，好比是單行道，如果發現問卷設計不夠周延，一旦發送出去了，就是「覆水難收」，無法回收進行修補，一切都得重來。

此外，回收問卷進行統計，也是另一個挑戰。一般而言，中學生能夠進行描述統計，將問題和答案都講得清楚，邏輯說得通順，已經相當優秀了。

我曾經不只一次在評審過程中發現，部分教師求好心切，竟然幫學生跑統計。這種怪現象會出現，其實是教師們迷信高強度統計的使用可以幫學生加分。然而，當評審追問學生為何使用迴歸分析，甚至再問得更簡單一些，「什麼是迴歸分析」時，學生一問三不知，比較老實的學生立即坦白，做統計是教師要求的，也是教師幫忙做的。試問，這樣的探究與實作有何價值？

類似的迷思，也發生在實驗法的選擇上，似乎總有一種氛圍在暗示，做實驗比較厲害。然而，中學的實驗室能做的實驗是有限制的，如果能在這樣的條件中，自行發想一個合理可行的實驗設計，這當然該大大加分。但在我的經驗中，有部分學生能夠採用實驗法，是因為他們可以動用到大學或學術機構的設備。然而一經探究，竟可發現學生的實驗設計源自該實驗室的計畫，甚至於學生和其中的研究人員有親屬關係。試問，這樣的探究與實作有何價值？

其實，該選擇什麼研究方法，應是跟著想要探究、追問的問題走。而學生能夠在自己的主客觀條件中，自行想方設法，發展出一種好的設計，無論是觀察、訪談、問卷、實驗或文獻分析，只要能回答問題的方法就是好方法。這整個探究與實作的摸索歷程，其實就是學生自己的一

次創造思考，意義非凡。身為教師或是家長，不應該剝奪這等珍貴的學習機會。

從學生選定合理可行的研究方法之後，接下來的探究與實作階段，教師實際上已經難以設計。還記得在第七章曾討論的「50% 原則」嗎？從學生選定合理可行的研究方法、展開實作行動之後，教師應該大方釋出學習空間給學生。此時教師的角色就是陪伴者、聆聽者、資訊或資源的建議者，以及第一讀者、討論者。當然，教師仍有必須明確規範的重點，主要是：

1. 時間進度的掌握：應設計 2-3 個檢核點，即時確認學生是否落後；如果落後，則要提供即時的了解與指引。
2. 研究紀律的遵守：主要是註明出處，包括文內註、腳註，或是文末的參考文獻整理等。其次，則是時時提醒勿抄襲、複製貼上，注意「直接引用」的原則等。

關於「學習成果的產出」的相關型態，應該是教師和學生在事前已經商量過，能兼顧學生的優勢條件、專長能力，以及教師設計評分量表的完成度。

基本上，學生的探究與實作行動，應該就是一個「有任務的學習」──有相當的挑戰性，並且能夠加以檢視、反思。因此，學生的學習成果發表儘量安排在學期結束前第三週進行，若人數較多，則應規劃結束前第四週就進行。這樣的安排，就能留下最後的兩週，引導學生一方面將成果修改得更好，另一方面則是有充分時間進行省思回饋，以及

整理學習歷程檔案。

拿捏難易，回到初心

對教師而言，設計與實施表 16.1（第 269 頁）提到的七種學習型態，難度一樣是逐次增加的。例如，為何學習型態 6 比 5 難呢？在許多教學實務經驗中，我們發現，如果不在探究方向加以引導，甚至提示較為具體的題目時，能力不足的學生就會像無頭蒼蠅般瞎忙，此時教師的壓力、工作量及複雜度都會跟著大增。因此，要讓學生進入學習型態 6 或 7，需要審慎評估。一旦進入學習型態 6 或 7，教師要進行的「量身打造」工作，比重就會大幅提高，相當考驗教師的指導經驗與知識背景。

其實，要中學生自己發想一個具有合理性、可行性的研究題目，並沒有想像中簡單。許多人經常強調要尊重學生的興趣，放手讓他們嘗試，但這可能面臨的結果是，全班有一半以上的學生經過將近三個月的摸索，還沒能確定題目！題目沒能確定，表示文獻探討沒做完，問題焦點沒確定，真正的實作行動無法展開，當然也就不必討論學習成果如何呈現等問題了。

試問，一開始就放手讓時間不多、能力不足的學生自己嘗試找題目，真的是第一優先嗎？或者換個角度思考，學生在探究與實作的「初體驗」中，哪些學習重點應擺在優先順序呢？這個議題，引導我們回到課程設計思考的原點，以及斟酌應該調配出何種難易度，促成學生進行有歷程的學習、有任務的學習，以及有意義的學習。

第十七章

素養課程的塑身術

- ✓ 常見的課程設計問題，可歸納為：課程的組織性鬆散、學習的支持度不足。

- ✓ 釋出時間給學生探究及團隊工作、以概念為本、著重學習遷移和多元評量等，都是好策略。

- ✓ 沒有人天生就會設計課程，因此教師們應該要自主地探究與實作，樹立專業標準與典範。

在教師的教育專業知能中，相較於教學活動規劃與方法的運用、評量設計、班級經營，乃至於學生輔導等，「課程設計」應該是較晚才受到重視和要求的。不同於學科專長的「○○科教材教法」偏向特定學科知識的安排，課程設計關切的面向，一如第六章的探討，至少涵蓋學科、學生與社會三者，兼顧原理、原則、方法和策略等，並且成為「○○科教材教法」後設分析的基礎，以及提供跨領域課程發展的參照。

在教學現場，學科專長很強、教授部定必修課程得心應手的教師，一旦著手設計一門新課程，例如「自然科探究與實作」（必須跨學科），或是「校訂必修」、「多元選修」等，其「課程選擇」（例如目標、概念、能力及其難易度的選擇）、「課程組織」（例如課程內及課程間的銜接、統整）、「教學推理」（例如依據學生的學習經驗進行教材教法的調整與改編、針對教學歷程和結果加以後設分析）的品質，卻未必妥適、穩定。

不過，也確實有不少教師投入上述新課程的研發設計與實施，逐漸累積經驗和心得，他們展開反思，並進一步嘗試轉化這些新經驗、新視野、新方法，將之遷移回部定必修課程的重新設計，因此改善其教學品質。

於是，這些教師就從過往的部定必修課程「有效能的執行者」，轉化成部定及校訂課程「能創新的設計者與實踐者」。

圖 17.1　課程「塑身」流程

本章主要是基於課程選擇、課程組織及教學推理的經驗，以先前探討的 UbD、CBCI「以概念為本」課程設計為基礎，探討目前探究與實作、高層次思考之類冠以「素養」課程設計與實施的常見問題，並提供使課程精實與統整的「塑身」建議。根據教學現場觀察與省思，以下歸納 10 個常見的課程設計問題，分為兩大類來探討。

「課程的組織性」問題

1. **學習目標、學習重點太多**。例如一門每週兩節課的課程，卻把核心素養「三面九項」，或各學科領域羅列的學習表現各項目（例如自然領域的「科學認知、探究能力、科學的態度與本質」，或社會領域的「理解及思辨、態度及價值、實作及參與」），幾乎沒有選擇地都囊括進來。也因此，安排的學習重點相當繁複，導致教師一直在趕課，學生一直在追課，不少人跟不上，紛紛掉隊。結果是教師很怨嘆，責怪學生不用功，或程度太差。一個很直白的問題是：為何教師要設計出讓自己一直在趕課的課程呢？

2. **學習目標、學習重點、學習評量未能扣合**。雖然乍看之下，很難理解怎麼會發生這種「離譜」的問題，但在實務上，此類問題層出不窮。究其原因，最常見的是：

   - 教師沒能掌握學習目標的內涵或理念，造成學習重點的設計「歪樓」了。
   - 多人參與設計，有分工，但未能（或無意願）做好合作、統整。
   - 若課程主題需要「議題融入」或「跨領域設計」，參與的教師們

雖有研討，卻沒能整合相關的核心概念，共構出層次分明、連結合理的「心智圖」，以至於「莫衷一是」。

- 因為不擅長設計實作評量，因此難以對應檢核學生的學習歷程及成果。

3. **學習單元的組織性不足。** 在同一課程主題（例如「閱讀理解」、「C-A-E-R 論證」）下，一個學期區分成數個學習單元，但單元間的差別只是替換了不同的學科、情境或議題，卻沒能設身處地思考學生在不同學科知識結構、情境脈絡或議題屬性中，是否面臨認知轉換的困難？以及，前後單元的學習經驗該如何銜接與加深加廣？圖 17.2 是一個示意圖，對比於「理想」設計的循序漸進，「不理想」設計中的單元 a、b、c 所設定的情境、議題、動用的學科知識，或難易度等，彼此間是無關聯、錯亂的，或差異極大，導致學生進入第 b、c 單元學習時，需要耗費很大的心力重新認知；再者，前面單元所學會的概念或能力，因為課程欠缺足夠的銜轉設計，導致學生難以應用、遷移至後面單元，無法推升其概念或能力的加深加廣。

4. **議題融入不得要領。** 議題融入（例如聯合國的 SDGs），幾乎是學生進行探究與實作時常會面臨的任務要求；理由很簡單，因為要結合真實生活情境，並且解決問題。所以，教師要選擇什麼議題，或者乾脆開放給學生自行選擇，就成為課程設計的重要衡量之一。然而，教師們對於選什麼議題，或者針對所選議題的通盤了解（例如背景知識、最新趨勢、相關爭議，以及可用的教學資源等），卻未必有把握；再者，融入的議題如何連結自己的學科

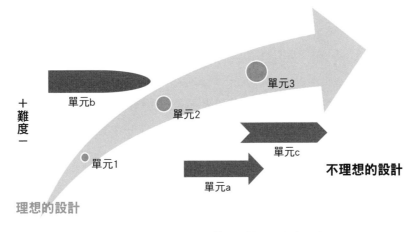

圖 17.2　兩種課程設計「組織性」對比的示意

知識，完成課程統整設計，也是一大考驗。至於決定開放給學生自行選擇，這反映出教師要嘛超級自信、本領高強，要嘛就是搞不清楚將會面臨什麼可怕的挑戰！

5. **想要跨領域，卻跨得跌跌撞撞。** 要把不同學科領域的教師糾合在一起，共同設計與實施課程，其實是相當不容易的事情，牽涉到「意願」、「能力」兩大關鍵。在必須進行跨領域的前提下，教師們一如學生採取的策略，經常以「分工」權充合作。但這似乎難以立即苛責，因為長久以來，教師工作屬於「孤獨的專業」，往往一個人孤軍奮鬥，同一學科的同事若能經常交流，已經難能可貴，至於跨學科領域的合作該如何進行，情況不僅陌生，更是複雜而困難，這種「能力」上的挑戰，當然就嚴重限制了可能的合作「意願」。通常，要磨合、淬煉出一個統整性較為理想的跨領域課程，至少需要兩年；急就章往往導致各自閉門造車，於是沒能跨越，只有拼湊。

「學習的支持度」問題

6. **學生的探究與實作基本功還來不及培養好，就進入正式的實作行動。**會出現這類問題，癥結通常是教師並不清楚（或輕忽）該如何指導探究與實作這一類的學習，甚至於可能並不了解學生在進行探究與實作之前，應先具備哪些基本觀念和方法。這或許是教師的目標導向較為急切，但給學生搭建的鷹架不足，以至於學生難以穩健地展開探究與實作行動，面臨糾結的迷思，或一連串的失誤。值得注意的是，在上述情形中，教師所設定的學習任務或成果要求，往往太艱難或太簡單，學生因此無法獲得有意義、富有挑戰性的學習。

7. **實作時間不足。**這往往是教師認為事先應該教導的「基本觀念與方法」很多，可能動用將近三分之二學期的時間（10-12 週），扎實培養這些基本功。於是，學生大約只有 4 週工作時間，就得完成一個探究與實作的作品，以便來得及在最後一、兩週上台簡報，並提交指定形式的學習成果（例如實察報告、小論文、行動方案等）。上述的課程設計思考，使得課程的實施宛如「單行道」，學生在最後三分之一學期才展開自主學習，如果先前的基本觀念或方法沒學會，或在實際應用中才發現沒搞懂，根本沒時間回頭，來不及補救。而且，請不用懷疑，學生這種沒學會或沒搞懂的狀況，發生機率鐵定接近 100%。一旦出現，無論學生或教師都將十分窘困。

8. **掛上探究與實作的招牌，但只停留在淺層的學習與思考。**教師設

計了許多很酷炫、很熱鬧的議題或探究方式,但實質內容只關注在「事實性問題」,因此學生的思考、學習與成果展現,大多停留在「不一樣」、「有特色」等發現,無法深入地、邏輯地處理「概念性／辯論性問題」,掌握「概念」或「通則／原理」,於是經常招來「花拳繡腿」的外部批評。借用「文化冰山」(Cultural Iceberg)的示意,我們可以發現,在表象的「知其然」之下,其實還有更深層的「知其所以然」,等待探究及揭露,這是屬於 how、why 層次的深度學習,才能針對 what 賦予真正的理解。

9. **評量設計不當**。這可能得歸因於教師們設計「實作評量」的相關概念及方法不足,甚至對於多元評量的理解也不夠,導致學生無法從評量的標準和要項,掌握學習的方向及重點。主要的狀況包括:只記得評量學習內容,忘了評量學習表現;只記得評量學科

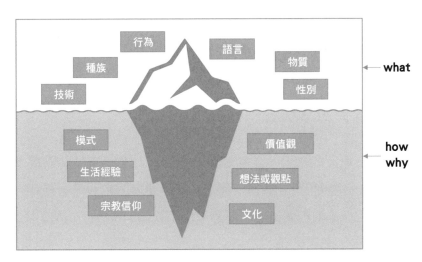

圖 17.3 忽略深度探究,就沒辦法「知其所以然」

知識，忘了評量議題探究或跨領域探究的表現；個人表現和團隊表現，難以區分；偏重總結性評量，忽略形成性或診斷性評量；無法具體地向學生說明評量的重點；只使用學習單，缺乏其他適用的評量工具；欠缺具有信度或效度的評分量表等。

10. **引導學生進行小組工作的規劃不當。**探究與實作的學習通常都採取「小組工作」，一方面是相關學習分量較重，單人難以完成，另一方面則是培養學生學會「團隊協力」是重要的素養目標。不過，在「小組工作」上，目前時常存在的現象有三：

- 將學生編組、啟動他們進入小組工作的時機太晚。
- 5-6 人一組，導致容易發生部分學生「搭便車」現象。
- 學生往往依照探究與實作的流程，參考小組人數予以切段，每個人負責一段，以這樣的「分工」權充合作。

歸納而言，多數學生欠缺團隊分工合作的觀念與方法，而不少教師並不清楚如何教導、規範，或評量，以至於難以督促每個人都在團隊工作中，也無法確保每個人都能對團隊有所貢獻。

塑身：讓課程精實與統整

本書前三單元的內容，尤其是第三單元，其實已有助於回應及處理以上常見的 10 個課程設計問題，而第四單元更多方探討了合理可行的課程設計方法。以下則提綱挈領，扼要地提供具體的「塑身」建議。

建議一、減法，50% 原則

　　無論一學期、一個學習單元，乃至一節課的課程，只要是預設了高層次思考、探究與實作的學習目標，建議一定要盡量保留 50% 的時間給學生，讓他們將教師剛剛講授的觀念或方法，立即練習、應用。正當學生進行「做中學」時，教師其實沒閒著，專心從旁觀察，一方面了解學生面臨的困難，另一方面視情況提供暗示或引導，但就是不講出答案，或可行的策略，盡量鼓勵學生自行發現答案或方法。

　　就一節課而言，理想的歷程應是「講授」、「練習」、「問答、觀摩及檢討」；練習或研討的時間，盡量占一節課的 50%。在這樣的課程結構或學習歷程中，教師該講授或提問什麼、如何講授或提問，都高度地依據學生經常會遇到的困難或迷思而設計。教師如何了解學生的這些問題或狀況呢？法門只有兩個，一是課前勤讀書，二是課中及課後多反思。累積大約兩輪的授課經驗，即能開始得心應手。

　　至於一個學習單元、一學期的設計，原則相似。總之，學生若無法自行思考、探究、實作，教師教再多，通常只是浮光掠影，師生都將白忙一場。因此，務必放手讓學生學會如何思考、學習、探究與實作，這個歷程絕對是崎嶇的，充滿障礙的，盡量保留至少 50% 時間給學生，是必要的，這也會讓教師自己擁有足夠的心力，轉換一種新技巧來協助學生，而且確實比以往苦口婆心、口沫橫飛模式，還更能幫得上忙。

　　此外，想讓課程精實、統整的「減法」，還有一招:有要評量的學習目標，才能據以設計課程。舉例而言，某學習單元結束時，教師希望評量核心素養中的 A2「系統思考與解決問題」、C3「多元文化與國際理解」，檢核學生是否學會。若決定以這兩個目標為「主學習」，即意味著其他七

項學習目標（及相關學習重點）就應儘量擱置。在課程設計中，有一個非常基本的原則是：「會列入正式評量的目標，才能列為學習目標」。換言之，要判斷課程是否精實、統整，有個「一分鐘快篩法」——只要評量設計和學習目標無法密切對應，課程就該「塑身」了。

當然，或許會有人邏輯地推論，是否也可以增加評量的分量，以便對應全部的核心素養？不錯，邏輯是可以成立，但前提在於透過評量所蒐集到的學習證據，須能用來逐一驗證每個核心素養的學習成效。試問，在一個學習單元，乃至一學期的課程，辦得到嗎？

建議二、以概念為本

教師耗費許多時間講授，多數處理的往往是事實性知識、技能或策略，這些學習內容都很重要，但常以「知識點」的累加形式出現，學生將會目不暇給，難以認知、欣賞、分辨、理解。

為了加深學生的印象，傳統做法就是多做題目（包含考古題、變化題、難題），多練習幾次，希望學生熟能生巧。不過，這很有可能只是類如「刺激—反應」的制約性強化，經由外鑠的安排，讓學生無從發現、理解的關聯強行連結在一起。

高層次思考、探究與實作的學習，卻是需要學生主動學習，產生內化，並在另一個相似或相異情境中，產生學習遷移和適切地活用，從而確認其學習成果。在這樣的歷程中，教師難以「代勞」。而學生在學習歷程中所表現的行為，不是制約性的反應，而是轉化性的創新。

想要從過往專注於「知識點」的教學，轉變為「以概念理解為本」的學習，可供借鏡的良方即是 UbD、CBCI 所帶動的課程設計思考。相關

討論，已在第十三章至第十五章中呈現。

在新的設計思考模式中，學生要花許多心力在思考、研討、探究、團隊工作上，不再只是聽從教師的一個口令一個動作。至於教師，雖然已經儘量釋出 50% 時間給學生，但依然忙碌，原因出在：與學生的雙向溝通，以及提供他們即時而適切的引導或協助，需要另一種工作模式，由於不熟悉，一開始常會手忙腳亂；等到日後上手了，依照教師們的工作美德，一定會設法精益求精，在這條引導學生「展現高層次思考而進行探究與實作」的大道上，繼續陪著學生壯遊。這將可能包括更適切的引導、提問技巧，更可行的小組工作指引，更充分的資源或資訊分享，以及更進一步的學習任務（例如以概念為本重組知識點，掌握學科知識的

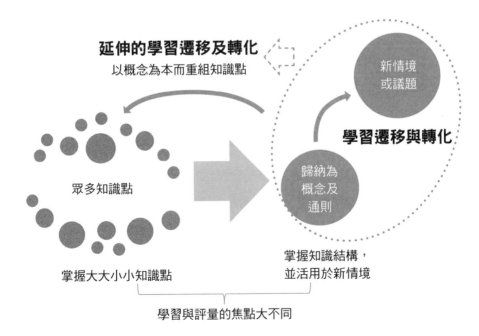

圖 17.4　專注於「知識點」或「概念」學習的差異

系統性）等。

建議三、歷程技能結構

　　學生學習高層次思考、探究與實作，高度涉及歷程技能結構的掌握，但換個角度看，教師若想要有效率、有品質地指導學生展開上述學習，相關課程設計也高度涉及歷程技能結構的掌握。這正是第九章、第十章、第十六章討論的重點。

　　在這樣的課程設計思考中，教師所要教會學生的技能、策略，歷程，主要包括閱讀理解、批判思考、論證寫作、溝通表達、團隊合作，以及蒐集與組織資料、界定問題、擬定探究架構、規劃實作方法和時程等。然而，教師很難以單向講授方式讓學生學會，必須改弦易轍，轉而透過提問、實地練習、小組工作等學習機會，以及多多提供即時而明確的回饋指引（建議轉換為問句呈現，在問答中促使學生反思與理解），或適時而具體的激勵（建議直接讚美學生做對、做好的關鍵），幫助學生一直聚焦於學習歷程。

　　在課程設計中，除了思考如何合理地安排上述的歷程技能結構，另一個具有挑戰性的地方，應是難易度的拿捏。一如第十六章所分析的諸多環節，這涉及教師「在地」的課程省思與決定，旁人多只能提供建議，不太能夠代勞。從這個角度來看，教師們的課程設計也一定是一種轉化性的創新，屬於「手工藝」精品等級，而不是生產線的大量製作。

建議四、跨越單元、學科或情境的學習遷移

　　在社會快速變遷，科技日新月異的時代，學習遷移已是必要的學習目

標，也是必要的課程設計重點，以便促成學習的加深、加廣、加速。但請注意，學生的學習遷移不可能自然而然發生，至少大多數人，或在較低年級時，相當仰賴教師的引導。要促成學習遷移的發生，依靠三個要件：

1. 學習重點的設計要有組織性，應以概念理解為本，由事實引導到概念及通則／原理的學習。並且，進一步透過概念、通則／原理的銜轉，引導學生跨單元、跨學科、跨情境的學習。

2. 知識的難易度、不同議題或情境的屬性要仔細拿捏，不宜差異過大，並且要先確認值得設計用來讓學生發現的知識結構或歷程技能結構共同關鍵元素、大概念或通則是什麼，應該如何鋪陳、組織，構成有挑戰性的探究學習任務。

3. 教學過程中，須聚焦於引導學生發現不同知識之間或情境之間的共同點，啟發學生進行仿作、歸納、推理，運用已知的概念或通則／原理，解決具體的問題，並在新情境中加以測試、檢核、驗證、推估或改編。

基本上，第1、2點是基礎，良好的課程統整設計，一如第四章、第十一章、第十五章所探討，大大裨益於學習遷移的促發，再加上第3點的教學助成，自然就能夠水到渠成。

絕大多數學生鮮少體驗學習遷移的樂趣，也往往不具備這樣的能力。學生提取關鍵訊息、概念或知識的速度、準確性、穩定性、組織性等，需要經過一連串的學習，才可能獲得啟發。唯有老師開始認真指導

和要求上述的學習，學生才可能逐漸啟動學習遷移。而且，學會學習遷移，未必完全由學生聰不聰明所決定，只要透過良好的課程設計與教學活動，觸類旁通或舉一反三，相當有可能發生在大多數學生的學習中。對此，教師一定要具有信心。

建議五、實作評量與多元評量

針對高層次思考、探究與實作的評量設計，無論實作評量或是更為豐富的多元評量，其設計的品質總是由教師對於上述學習目標、學習內容、學習表現的掌握程度所決定。

從實務來看，想要將評量設計好，學習目標的具體和適切，相當關鍵。但長久以來，學習目標總是早早設定，這樣做無可厚非，卻時常讓如此「演繹式」的設計模式導致目標過於抽象、鬆散，而隨後才設計好、較為具體的學習內容或學習表現，則經常和早先設定的學習目標搭不起來，甚至脫鉤。在這樣的結構之下，想要講究評量設計的品質，實在是緣木求魚。

因此，第十四章才會特別說明，在想清楚最終期望學生學會「以概念為本」的具體學習內容或學習表現之後，學習目標才拍板定案。而學習目標釐清了，和最終期望的學習成果扣合了，評量設計就能展開，一如第十二章所探討。

一旦評量設計（特別是檢核表、評分量表）完成了，接下來學習內容、學習表現的細部設計，以及教學活動與流程安排等，即可進行。

以上說明頗為囉嗦，原因在於希望消除常見的課程設計迷思、矛盾或偏誤。但就「專家教師」而言，實際上並不必特別強調這種「逆向」、「歸

納式」設計，理想的課程設計思考從來都不是線性的，而是迴圈式、反思與後設分析的。

建議六、團隊工作

如何避免學生只有分工，沒有合作，以及消除部分學生「搭便車」現象，一直是教師的挑戰。

在實務上，3人組成一個小組，是比較中庸的做法，一方面可以有效降低「搭便車」現象，或者易於監督和檢核，另一方面則是可以降低學生領導與溝通的難度，而且比較容易激發團隊效能。不過，教師得要指導的小組數將可能多達10組以上，確實是不小的負擔。這也是為何教師應該提示探究方向，乃至題目（第十六章）的理由之一，稍微減輕指導的負荷。

想要激發團隊效能，並督促每一位小組成員都能參與學習任務、承擔責任，需要透過課程設計來安排。首先，應在學習活動展開時，及早界定、提示每一位小組成員該有的表現，例如：

1. 能提供有意義的文獻
2. 能研讀並且理解文獻
3. 能充分參與小組討論
4. 能妥善與人溝通協調
5. 能表現統籌規劃能力
6. 能有執行與自律能力
7. 能積極完成口頭報告

8. 能積極完成書面報告

將這些項目設計成檢核表，可採三等級（是、有限、否），或級分制（例如 4 ～ 0 分），並且同時用來自評和互評。此外，教師可以選擇第 3、4 點，做為課堂觀察重點，選擇第 2、5、6 點，做為和各小組討論時的提問、檢核重點。

為了確保每一位成員都能了解口頭報告的內容，一個簡易的做法是，要求每個人都須運用小組共同製作好的簡報，實際講述演練一次，並事先錄影及上傳（例如存檔在 Google Classroom 指定作業區）。

至於現場的口頭報告，可供選擇的多元形式主要有三種：Gallery Walk、世界咖啡屋，以及傳統的公開發表。前兩者都屬於跑桌性質，報告者和聆聽者的互動性強。至於公開發表，得面對全班同學進行簡報，口語表達、肢體動作和簡報技巧的要求較高。建議期中報告時，考慮採用前兩者，期末報告時再採用公開發表形式。

無論採取哪一種方式，一定都要讓聆聽的學生進行互評，以及提問。目前實施效果較佳的方式是運用電子表單（例如 Google 表單）即時填報，優點是可以快速地統計，而需要克服的是得先確保每一位學生都有可上網的工具，如果學生沒有，通常就是協助借用學校的公用平板電腦。

課程設計實例解說

接下來我們再使用一個示例，具體說明課程設計應注意的細節。

表 17.1 所呈現的資訊，屬於一個學期 2 學分的校訂必修課程，兩位

週次	學習單元	檢核點	教師教導基本觀念及方法	學生個人學習基本觀念及方法	小組研擬探究方向及問題焦點	小組進行探究與初步的實作
1	課程導論		✓	✓		
2	閱讀與摘要		✓	✓		
3	問題意識		✓	✓	學生分組	
4	文獻蒐集		✓	✓	✓	
5	論證		✓	✓	✓	
6	期中考	檢核 1 紙筆測驗 教師檢核		✓		
7	期中評量反思 專題寫作討論		溫習基本觀念及方法		✓	
8	文獻探討		✓		✓	
9	期中報告 1	檢核 2 學生互評 教師檢核			✓	
10	期中報告 2				✓	
11	研究架構與圖表製作		✓			✓
12	研究方法運用		✓			✓
13	專題寫作討論	檢核 3 教師檢核				✓
14	專題寫作討論		視各小組狀況指導			✓
15	專題寫作討論		視各小組狀況指導			✓
16	專題報告 1	檢核 4 學生互評 教師檢核				✓
17	專題報告 2					✓
18	期末回饋研討	繳交小組學習成果	學期回饋與總結			✓

資料來源：以臺北市立建國高級中學 110 學年度校訂必修課程「專題寫作與表達」課程綱要為例而編寫。

教師協同教學，而課程的學習成果預設是「專題研究構想書」，各小組必須針對一個爭議或者困惑的問題，提供具有問題意識的探究與實作構想，實地體驗發現與界定問題的重要性和發展歷程。

這樣的思辨及探究過程所需要具備的基本觀念與方法，大約以 5 週時間完成指導。為了確認學生是否完成學習，或者面臨什麼困難，除了平日的隨堂或課後作業評量及回饋之外，還有利用第一次定期考、排入考程的「期中考」，採取 open book 形式，因為要檢核的是觀念、方法及思考歷程，而非知識的記憶。

在教授基本觀念及方法的同時，第 3 週完成學生的分組，開始練習蒐集資料，並以多筆資料的交互檢視，進行問題意識的發展、論證的演練，且以此過程培養團隊的默契。

這門課程的主要檢核點有 4 個。除了期中考之外，還有期中報告，分兩週進行，每週 5-6 組，每節課是 2-3 組報告。原則上，每組 6 分鐘報告，聆聽者以 1 分鐘填寫互評表單，接著是 3 分鐘的提問與回答，該節課若有剩餘時間，則進行綜合提問與討論，以及教師的回饋。

期末報告的設計，時間配置、表單內容都和期中報告相同，最大的差別是期中報告採取 Gallery Walk，而期末報告採取傳統的公開發表，讓學生練習多元的報告方式。

還有一個檢核點在第 13 週，形式是一組一組輪流和教師討論。兩位教師各面談 5-6 組，大約是一節課 2-3 組。設在第 13 週，是為了盤整，陪同學生「退後一步」，就當下已經完成的內容，進行後設認知或系統地檢視問題，重新擬定工作的重點和方向，激勵團隊士氣，或明確要求部分成員負起應有的責任。

關於教師教導基本觀念與方法，除了前 5 週之外，還有第 8、11、12 週，合計 8 週，低於全學期的 50% 時間。應該說明的是，基本觀念與方法的教導，都搭配著學生的課堂或課後實作，並非單向的講述。而教導和練習的時間點，都是搭配著探究與實作的歷程步驟，不是孤立的學習。

教師專業標準的樹立

課程設計不只是教材、教法、各種資源或器材的選擇，以及教學活動的安排而已。尤其這個設計的課程，目標是要啟發學生的主動學習、高層次思考，以及帶動探究與實作，所要斟酌、規劃的細節與流程，比過往的部定必修課程更為繁複。

但是，沒有人天生就會設計課程！為了引導學生進行「有任務的學習」，完成有挑戰、有意義、有反思的學習歷程，發展高層次思考能力、開拓的視野，與積極的學習生涯，相當值得教師們想方設法，研發出精實、統整的課程。

這些經由教師親自探究與實作而累積的課程設計能力，將會全面翻新過往的課程與教學觀念、作為，以一種深刻的意義，詮釋與實踐後續的教師專業發展。這已不是一般社會大眾或家長的教育漫談，而是扎扎實實的專業行動，確認「教師」足以成己成人的標準和典範。

有教師，會思考

　　無論關心個人幸福的追求、民主社會的發展，或者因應科技快速變化，乃至免於假訊息或假新聞的操弄，我們都需要「會思考」。

　　所謂「有教師，會思考」，有兩層意思：一是「有的教師擅長思考」，二是「有了教師的指導，學生便能學會思考」。基本上，前者可視為後者的必要條件。21 世紀的教師，除了擅長教學之外，也應該同時是擅長學習與思考，以及擅長指導學生學習與思考的專家。在這個「新」專業工作中，教師必須以學生的學習為中心，重新設計課程，安排教學歷程，而最關鍵的一步就是了解「釋出學習時間」的道理，好讓學生享受學習的權利，以及承擔學習的責任。

　　在過去，教師的專業主要發揮在「教得詳盡」，因此課堂上大部分的時間都用來講授，當教師一直在講課時，學生難以進行思考，而教師也無暇了解學生的思考品質。但今後，教師應是「教得精要」，逐步釋出課堂時間（目標是至少 50%），並細緻規劃，用來「引導和支持學生主動的思考及應用，探究與實作」。

　　唯有教師優先關注「以概念為本」的學習，並經由「探究與實作」的學習任務設定，啟動學生的概念性理解、批判性思考等「高層次思考」，

才可能更有邏輯地梳理與聚焦課程中巨量的事實性知識，促成學生進行有挑戰性、有意義感、有反思力，可持久性理解與遷移的學習。

　　這一切的轉變，都指向教師應該樂於思考、長於思考，並實踐於課程設計中，以便打開學生學習的廣闊天地，讓他們為自己奠定壯遊人生的本事。

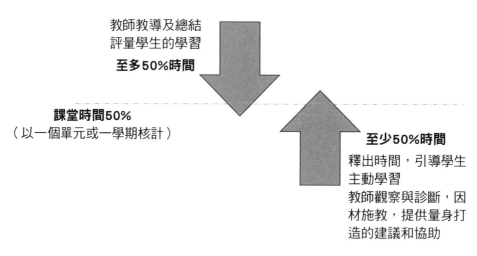

圖 18.1　「教得少，學得多」的操作實務

學習與教育 238

專題探究教學力
跨科共備X提問思考X批判閱讀，啟動高層次思考

作者／黃春木
責任編輯／王慧雲
編輯協力／陳珮雯、陳瑩慈
校對／魏秋綢
封面設計／FE Desgin
版型設計、內頁排版／連紫吟、曹任華
內頁繪圖／立全電腦印前排版有限公司
行銷企劃／石筱珮

天下雜誌群創辦人／殷允芃
董事長兼執行長／何琦瑜
媒體產品事業群
總經理／游玉雪
總監／李佩芬
版權主任／何晨瑋、黃微真

出版者／親子天下股份有限公司
地址／台北市 104 建國北路一段 96 號 4 樓
電話／（02）2509-2800　傳真／（02）2509-2462
網址／www.parenting.com.tw
讀者服務專線／（02）2662-0332　週一～週五：09:00~17:30
讀者服務傳真／（02）2662-6048
客服信箱／parenting@cw.com.tw
法律顧問／台英國際商務法律事務所・羅明通律師
製版印刷／中原造像股份有限公司
總經銷／大和圖書有限公司　電話：（02）8990-2588

出版日期／2022 年 10 月第一版第一次印行
定　　價／450 元
書　　號／BKEE0238P
ISBN ／978-626-305-326-7（平裝）

專題探究教學力：跨科共備 X 提問思考 X 批判
閱讀，啟動高層次思考／黃春木著 .-- 第一版 .
-- 臺北市：親子天下股份有限公司, 2022.10
304 面；17×23 公分 .--（學習與教育；238）
ISBN　978-626-305-326-7（平裝）

1.CST: 教學設計 2.CST: 課程規劃設計
3.CST: 教學法 4.CST: 中等教育

524.3　　　　　　　　　　　111014624

訂購服務：
親子天下 Shopping ／ shopping.parenting.com.tw
海外・大量訂購／ parenting@cw.com.tw
書香花園／台北市建國北路二段 6 巷 11 號　電話（02）2506-1635
劃撥帳號／ 50331356 親子天下股份有限公司

立即購買 ＞